影像香巴拉纪实美文丛书

影像香巴拉

绚烂文化

张春文 著

陕西新华出版传媒集团
三秦出版社

图书在版编目（CIP）数据

影像香巴拉.绚烂文化 / 张春文著.—西安：三秦出版社，2021.3

(影像香巴拉纪实美文丛书)

ISBN 978-7-5518-2172-8

Ⅰ.①影… Ⅱ. ①张… Ⅲ. ①散文集-中国-当代②摄影集-中国-现代 Ⅳ. ①I267②J421

中国版本图书馆CIP数据核字(2020)第101158号

影像香巴拉·绚烂文化 / 张春文 著

出版发行	陕西新华出版传媒集团　三秦出版社
社　　址	西安市雁塔区曲江新区登高路1388号
电　　话	（029）81205236
邮政编码	710061
印　　刷	陕西龙山海天艺术印务有限公司
开　　本	889mm×1260mm　　1/32
印　　张	7.25
字　　数	167千字
版　　次	2021年3月第1版 2021年3月第1次印刷
标准书号	ISBN 978-7-5518-2172-8
定　　价	68.00元

网　　址　http://www.sqcbs.cn

大香格里拉圈示意图（局部）

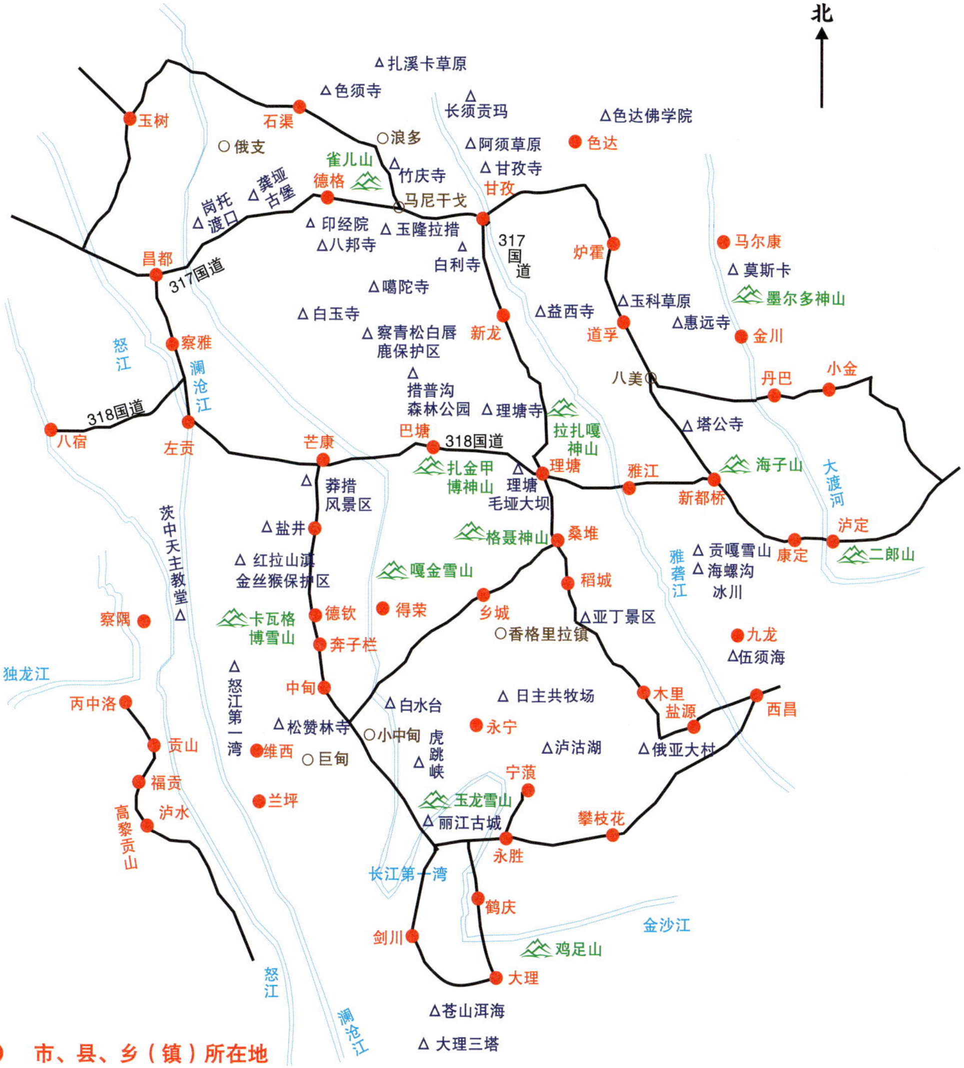

● 市、县、乡（镇）所在地

○ 著名小镇

△ 著名景点

≈ 江河

— 国道、省道

山峰

前言

丹巴嘉绒村寨

《大藏经》里多处讲到一个在佛教中被称为净土的彼岸世界，一个菩提修成的清净之所——香巴拉王国。经书中说，这个王国被八座莲花瓣状的雪山环抱，那里风景美丽，有草地、森林和湖泊；那里骏马无数，牛羊成群，物产丰富；那里的民众个个身材高大且长寿，他们信仰佛教，不贪不痴而富有理性；王国中央耸立着迦罗波王宫殿，释迦牟尼曾向香巴拉王朝的第一世国王苏禅德喇传授时轮密法……有说法认为，这个王国是佛教的预言；也有说法认为，这个王国是几千年前的真实存在。那么，它存在于什么时间呢？佛经中还有这样的记述：香巴拉第一王朝第一位国王苏禅德喇之后有6位国王，而后的第二王朝共有25位国王，第12位国王叫库里卡，统治时期在公元960年前后，等等。那么，这个王国曾存在于哪个地方呢？

香巴拉是藏语的音译，也译为香格里拉。英国作家希尔顿于1933年出版的小说《消失的地平线》中，以雪域高原的自然风光和民俗风情为参照，虚构了一个迷人的地方，叫“香格里拉”。这个文学中的仙境，让当时文化观、价值观激烈膨胀的西方人受到了极大的冲击，他们沉浸于发现“文明世界”之外的“新大陆”的兴奋中。因此，希尔顿的小说和以此改编的电影在西方红极一时，许多人为寻找香格里拉或蠢蠢欲动或付诸行动。之后，物质文明的畸形发展引发了西方人精神的陷落，他们疲惫而迷惘，企望找到精神的乐园。于是，他们再次把目光投向神性的香巴拉，投向文学的香格里拉。他们相信东方的雪域高原上有一个真实的香格里拉曾经存在。于是，香格里拉成了一个世界性的话题，许多人苦苦地寻找，并在寻找中衍生出许多童话般的奇闻和故事。

人们在寻找中发现，喜马拉雅山脉以北的雪域高原处处若世外仙境一般，尤其是在西藏、云南、

四川、青海四省区的交会地带，佛教中的“香巴拉王国”和文学里的“香格里拉”所提及的诸多自然景观和人文现象随处都可以找到。于是，这片高原地带就被称为香巴拉（香格里拉）。这就是我们现在所说的康巴藏地。

康巴藏地是一片广袤而美丽的高原，是造物主创造的自然殿堂。这里，地形地貌复杂多变，气候类型多样，生物种类纷繁；这里，多条大江南北纵贯，构成了众多峡谷走廊奇观，座座雪山峰峦突兀，宛若上界的琼瑶仙宫，众多湖泊星罗棋布，如同镶嵌于高原的一颗颗翡翠；这里，森林、草地、溪流、鲜花、蓝天和纯净的空气构成的意境，使苍凉冷峻的高原幻化出几分婉约和诗意；这里，梅里雪山、玉龙雪山、贡嘎冰川、金沙江流、怒江峡谷、石渠草原、得荣谷地、亚丁山水、迪庆高原……处处奇景圣

巴塘县措普沟风光

境都是造物主的杰作，蕴含着雄奇而绚烂的魅力；这里，处处圣境都被赋予了美与丑、善与恶的价值观念，从而渗入人们的血液，融进民族的文化。

康巴藏地多条大江南北纵贯形成的一条条峡谷，是古代游牧民族迁徙的通道。先民们在迁徙途中滞留下来，与当地土著融为众多民族。在这里，康巴汉子英勇强悍，纳西女子勤恳耐劳，独龙民族敦厚坚韧，怒族子民纯朴诚信，他们有刚毅的性格、丰富的智慧和不懈的创造精神。他们享受着雪山和阳光的赏赐，放牧于高原、农耕于河谷，创造了气象万千的文明景象：农耕文化、游牧文化、部落文化、氏族文化、牦牛文化、火祭文化、土司文化、古道文化、丧葬文化、生殖文化、医药文化……种种民族历史文化，闪烁着沧桑而绚烂的光芒。

康巴藏地是各种宗教相容共居之地。除了外来的佛教、基督教、天主教、伊斯兰教和道教外，还有萌发于本土的纳西族东巴教、普米族汗归教、怒族原始宗教、彝族传统宗教等。这些诞生于本土的古老宗教，各放异彩，同时又有共同的特征：崇拜祖先、崇拜自然，相信万物有灵。这些本土宗教在开展宗教活动的同时，也担负着传承本民族历史文化的使命。在众多宗教中，藏传佛教占有主体地位。藏传佛教以其超越一切的力量把根须深深扎进了康巴藏地。在这里，佛教精神家

丽江黎明风光（王寿林　摄）

喻户晓，家家设经堂，户户供神佛，建筑、服饰、戏剧、美术、歌舞，无不有佛教的影子，藏族人民的人生观、价值观和道德观，无不融进佛教的精神；在这里，巍峨的寺庙、高耸的佛塔、飘扬的经幡，构成了高原上独特的风景，还有那布满山岭沟谷的玛尼堆上，精美的石刻六字真言，令人读到生与死的哲理；在这里，人们与佛结下了永久的情缘，佛教的宏大主题贯穿于漫长岁月，贯穿于人们生活的方方面面，那些善男信女身挂护身符，手摇转经筒，向神灵和苍天祈求吉祥，更有虔诚的朝圣者，三步一叩首地磕着长头，用肉身丈量着走向灿烂前景的漫漫长途。

康巴藏地是英雄格萨尔征战用武的疆场，至今都留存着格萨尔及众多岭国人物的遗迹。在这里，有关格萨尔的传说、戏剧、石刻和绘画数不胜数，更有史诗《格萨尔王传》以其浩繁的篇幅而成为世界史诗的奇迹。格萨尔的英雄主义精神，渗进了一代代藏族人民的血液，滋养了他们的心理、气质和性格。

康巴藏地是一个建筑艺术的博物馆，那些土石木竹的精巧组合，各有风格，各具形态：雄伟的寺庙建筑、华美的道孚民居、庄重的木雅碉房、简约的金沙江畔木楞房、别具一格的中甸闪片房、精巧的怒江峡谷干栏式建筑等，无不凝聚着各民族丰富的智慧和精湛的技艺。

康巴藏地是一个巨大的服饰艺术展演台，千奇百怪的服装和饰品，令人眼花缭乱：康藏女子珠光宝气的华贵服饰、傈僳族女子的欧勒帽和缀满饰品的外衣、怒族女子缀满珊瑚和铜珠的头饰、怒族男子佩挂长刀和箭包的装束、独龙族男女色彩艳丽的披毯、勒墨人形若喜鹊的外装、苗族记录先民历史的服饰图案……五彩缤纷的穿戴，体现了各民族丰富的想象力和个性化的

稻城仙乃日雪山

纳西族三月初五的东巴法会（王寿林　摄）

审美。

康巴藏地是歌舞的殿堂，各族子民个个是歌舞的高手，他们把激情宣泄于天地之间，他们的生命在歌舞中行进。藏族的锅庄舞和弦子舞、傈僳族的四声部合唱、怒族人的原始摹拟舞蹈、茶山人的“绕棺舞”、拉玛人随兴即唱的开尼、勒墨人的古歌、怒族人唱给猎神的颂词、东巴祭师吟诵的史诗……种种歌舞反映了沧桑的民族历史，表达了对生与死的哲学思考，也抒发了面对生活和人生的炽热感情。

康巴藏地是一个奇异风情和纯朴民俗的荟萃之地：扎坝峡谷和泸沽湖畔的走婚习俗、白玉县父系社会的遗风、怒族持续三天的婚礼、茶山人独特的求婚仪式、傈僳族惊心动魄的刀杆节、拉玛人的“拜日旺”祭祖节、独龙族与宾客共饮“同心酒”、怒族独特的迎宾宴、彝族传统的火把节……种种民俗风情蕴含着丰富的寓意，体现了他们的历史文化和生活观念。

这就是香巴拉——静穆的高原山水和异彩纷呈的文化共同构成的一片雪域乐土，一种诗意尚未被世俗荡涤的意境，一种与物欲、伪饰

巴塘弦子（王秋蓉　摄）

和贪婪相排斥的意境。当人们正在贪婪地攫取财富甚至把神山圣水矫饰一番贴上商标的时候，当物欲把人们诱惑得浮躁不安，以至于纯朴、平静、诚信被渐渐覆盖的时候，香巴拉，一个纯粹如斯的地方，以其自然之美和文化之美所构成的世外桃源般的意境，依然是鲜而不朽的。

香巴拉，让人走进造物主创造的美到极致的自然殿堂！

香巴拉，让人感受到自然与人文的圣洁之美、沧桑之美、诡谲之美！

香巴拉，让人远离浮躁、扰烦，走进明净而高远的境界！

影像香巴拉·绚烂文化

目录

CONTENTS

经版库房

藏文化的宝库

到了德格，就不能不去见识印经院。

德格印经院（又名德格吉祥聚慧印经院）因收藏藏文化典籍的门类和数量最多、现存雕版最多、印刷材料和工艺最考究、印刷规模最大而著称于世，有“雪域敦煌”“藏区文化明珠”“藏文化三大发祥地之首”的美誉。

德格印经院坐落于县城边的欧普隆河畔，建筑面积8800平方米，背山依水，坐北向南，多楼组拼，错落有致。远远望去，红褚色黏土垒砌的墙体雄浑古朴，墙顶端悬有镏金“八瑞相”铜牌，墙檐有许多牦牛尾装饰的风铃，屋顶有镏金孔雀塑像，主体正中有金顶一座，金幢四个，金幡两个。整个建筑气势宏大、庄严肃穆、金碧辉煌，充分体现了藏族建筑文化的沉稳和深邃。印经院内部，楼层错落，厅室参差，廊道曲折，梯阶棋布，各处屋檐和立柱有雕有镂，门窗和顶棚或布满彩绘，或饰以吉祥图案，四处墙壁布满色彩鲜明的壁画。一廊一室，一木一壁，无不显示出精湛的斧钺雕琢之工和民族特色浓郁的彩绘技巧。

这是一座宏伟的建筑，始建于德格第十二世土司兼六世法王曲吉·登巴泽仁时期，后经十三、十四世土司相继努力而完成。整个工程在130年时间里分批分期实施，累计耗时27年。护法圣堂为第一期工

印版印刷

程，耗时10年，参与工匠达500多人。第一期工程完工后，仅内部的绘画、雕塑和彩绘，就耗去了45名画师和136名技工杂工3年的时间。1988年政府对印经院进行维修，仅木料就用了2.3万立方米，加之补刻印版和收集失散文物，耗资达1400万元之多。

当然，最摄人心魄的不是建筑本身，而是建筑物内存放的可称为文化宝库的藏文化古籍刻版。德格县政府调研员、藏学专家泽尔多吉引导我目睹了那些存放有序的刻版。他告诉我，现存刻版就有30万块之多，分书版和画版，是印经院文物的主体部分。书版内容主要有：佛学经典、佛本生传、佛学哲理、佛教伦理、文学逻辑、历史传记、辞书文法、天文历算、诗歌音律、气功医学、建筑绘画等，共有480余部1380余册近5亿字，其数量之巨大、内容之丰富、门类之齐全是世所公认的。据说与德格印经院并称为“藏文化三大发祥地”之一的日喀则朗通印经院曾遭遇火灾，抢救出来的刻版不多，十分可惜；另一藏文化发祥地甘肃夏河印经院，原收藏目录记载有15万块雕版；而德格印经院在1959年就有21万多块，加之后来的补刻，已经超过了30万块。

德格印经院能有如此浩繁的古籍文献和数目巨大的印版，是因为建院初期其收藏和印刷就遵循了不带偏见、不分教派、不排斥民间其他文化的原则。这一原则是印经院创始人登巴泽仁在建院前就已经确定的。据史料记载，登巴泽仁32岁时就被清雍正皇帝册封为宣慰使，是藏区权势显赫的大土司。他开明而博学，擅长文学和医学，深通佛学。他执政期间奉行不分教派、一概支持的宗教政策，鼓励各教教派在他纵横千里的辖区内传教建寺，这也是后来德格、石渠、甘孜等地

印刷作坊一角（多吉彭措　摄）

各藏传佛教教派寺庙众多的直接原因。在他的宗教政策的影响下，印经院兼收并蓄，广纳百川，成了各类文化的栖居地。印经院繁荣昌盛的另一个原因，就是自始至终的严格管理。建院初期，土司牢牢掌控了印经院的人权和财权，委任巴班（院长）、巴涅（总务管家）和巴仲（秘书）三人对其进行管理，实行了责任任期制，并定期听取关于印经院管理经营、刻版印刷、典籍收藏情况的汇报。印经院有一定的权力，下辖5户小头人和数百农牧户；院长有很高的地位，直接向土司负责，并可使用象征土司家族的蝎子图章。

据泽尔多吉介绍，印经院的古籍文献印版中有不少是建院初期的刻版，既是珍本，又是文物，如《甘珠尔》。这部经典是佛说三藏四续经典的汇编，记载有释迦牟尼及其弟子们的言论近2000万字。建院初，登巴泽仁聘请高僧司徒曲久主持编纂和雕刻，有数十名书法家和近百名雕刻工匠参与，历时5年，于1733年完成，共刻印版33050块，计66100页（每张版两面刻，可印两页）。验收时登巴泽仁很满意，便以填满刻版上笔画刻痕的金粉作为报酬，可谓是令人惊讶的高薪了。紧接着，登巴泽仁又组织力量编纂雕刻《丹珠尔》。这本巨著至少有4000万字，仅目录就有数百页，先由80名书法家写了3年，后因登巴泽仁去世而告一段落。继任土司执政后，又由25名书法家写了2年、由500名刻匠断断续续刻了5年才得以完成，共刻印版64512块，计129024页。此后的历代土司都重视文献典籍的整理、刻制和印刷工作，先后刻印了《宁玛派密法及经典》《修行法摘录》《宁玛举布》《萨迦千布》《当波文集》《宗喀巴文集》《印度史》《观世音传》《医学四论》《逻辑文库》等数百部经典。这些经典的刻版书写优美，校对准确，刀法工整，体现了藏族木刻雕版的最高水平，至今各佛学机构仍以这套版印刷的经书为标准版本。

在众多经书刻版中，尚有为数不少的孤版和绝版。在蜿蜒曲折的庞大雕版库房中，泽尔多吉时而从这个架上抽出一块刻版，说这是印度早已失传的《印度佛教源流》的刻版，时而从那个架上抽出一块

经版

刻版，说这是《般若八千颂》的刻版。据他介绍，《般若八千颂》是1229年翻译、1703年刻制的，上面有乌尔都文（古印度文）、藏文古梵文和藏文现代文三种文字，是极其珍贵的文物，2002年被列入《中国档案文献遗产名录》，被誉为“康巴三宝”之一。我不识藏文，更不识梵文，无法领略附着于这古老经版上的巨大智慧，但我从那经纸张磨损已失去锐角的笔画上，从被肌肤打磨得光洁如玉的手柄上，从字迹槽里残留的印刷油墨上，读到了它的悠久和沉重。是的，它是无数生死话题的凝固，是人类浮躁后的平静。

库存的雕版中，还有大大小小的画版6000多块，其中300余块历时百年以上，属古代遗存的画版。这些画版主要有唐卡、坛城和龙

雕刻印版

达三类，有刻佛像的，有刻佛教故事的，有刻格萨尔的，线条清晰明朗。据泽尔多吉介绍，这些画版体现了藏传佛教绘画的最高水平，是在传统唐卡画艺术基础上的创新，已经形成了独特的画风，有很高的艺术价值。

走出雕版库房，泽尔多吉引领我走进一个个作坊，观看了造纸、刻版、兑墨、印刷装订等主要工序。印刷是完全的手工操作，两人一组，先在雕版上滚上油墨，然后铺上纸，再用刷子刷纸，充分体现了“印”和“刷”的特点。造纸是以一种叫“瑞香”（狼毒的一种）的植物根须为原料，将其分剥三层分别打浆，可造出三种不同质量的纸。其工艺过程与古代蔡伦造纸的工艺原理相同。这种纸微黄，纤维粗，柔性好，吸水性强，有微弱的毒性，虫不蛀、鼠不咬，利于长久保存。雕版制作也很复杂，是以红桦木为原料，将其用微火熏烤脱水，然后埋在牛粪中沤制数月，待其

手工印刷

经版

在佛界人士和藏族民众看来，那种千篇一律的、效率低下的、劳身劳心的印刷工艺，就像磕长头、转经筒一样更能体现人的纯与善，更能表达人的敬畏和虔诚。

木性沤退后烘干刨平即成坯板。雕刻时由专门人员按德格书法的要求反写，再由专人精雕细刻，刻后经校对无误，再放入酥油锅里熬制、浸泡，之后用“苏巴”（一种植物）根熬水洗净晾干。从刻版到印刷，从造纸到装订，每道工序都是纯粹的手工操作，严谨而考究。正因为如此，德格印经院印刷的经书才被公认为是标准版本。

这种印刷工艺在电子印刷时代看来，显得古朴而原始。然而，正是这种古朴和原始，才更符合藏传佛教的精神。因为在佛界人士和藏族民众看来，那种千篇一律的、效率低下的、劳身劳心的印刷工艺，就像磕长头、转经筒一样更能体现人的纯与善，更能表达人的敬畏和虔诚。所以，世界各大图书馆、各大佛学研究机构和寺庙都愿意购买德格印经院印刷的典籍，并将其视为收藏的珍品。

印经院

德格印经院以其博大的内涵赢得了世人的称颂，在众多高僧大德及专家学者的眼里，它是藏文化的宝库，是智慧的海洋，人们对它有着无与伦比的敬慕和向往。在藏族民众心目中，它是一处神秘而高洁的圣地，是一座超越世俗的殿堂。所以每天，都有众多手摇转经筒的信徒来到这里，围绕印经院顺时针转圈，以此表达他们的敬畏和虔诚。

经版

TIPS

德格印经院属全国重点文物保护单位，是藏区最大的雕版印经院，位于德格县城（更庆镇），距州府康定588千米，沿317国道可到达。印经院对外开放，游人可参观造纸、印刷、装订、刻版、雕版库房等。库房里保存有文字经版和画版30多万块，其中部分历时二三百年，属珍贵文物。

格萨尔史诗故事千米画卷（局部）

史诗《格萨尔王传》

藏族民众为了表达对格萨尔王的崇拜和敬仰，很早以前就把他的事迹演绎成曲折优美的故事并以诗歌的形式在民间说唱。这种说唱形式代代相传，久而久之，就形成了结构宏大、卷帙浩繁、情节复杂、人物众多、场景壮阔的史诗《格萨尔王传》。

《格萨尔王传》是目前世界上篇幅最长的史诗。据统计，目前已发现的口头说唱和手抄本、木刻本分部就有700余部，比世界上最著名的五大史诗（古巴比伦史诗《吉尔伽美什》、希腊史诗《伊利亚特》《奥德修斯》、印度史诗《罗摩衍那》《摩诃婆罗多》）的总和还要长。目前，国内翻译出版的藏文本有80余部、汉文本20余部、蒙文本14部。这部史诗不仅流传于全藏区和蒙古族、土族、纳西族、裕固族地区，印度、尼泊尔、巴基斯坦、蒙古、意大利、法国、德国等十多个国家也都有翻译。常见的有《英雄诞生》《地狱救母》《赛马登位》《霍岭大战》《北地降魔》《征服大食》《征服象雄珍珠国》《征服阿扎宝石国》等。每部史诗都独立成篇，但又与其他各部浑然一体，绘制出一幅岭国时期广阔的社会画卷。

在史诗《格萨尔王传》中，岭国由上、中、下三大部落和十八个部落组成，即上岭部色氏八部

格萨尔唐卡

以史诗说唱、藏戏演出、故事传说、地名遗存、绘画石刻等形式而传承的格萨尔文化，深深地浸染着藏区的土地；说格萨尔、演格萨尔、唱格萨尔、画格萨尔、供格萨尔，已成为藏族民众精神生活的重要内容。

落，有金铠甲武士九百名；中岭部温波六部落，有银铠甲武士七百名；下岭部穆姜部落，有铁铠甲武士五百名。史诗以岭部落为主体，以战争为主线，在波澜壮阔的背景下塑造了上千个人物，除格萨尔外，还有家庭世系多个人物及三大虎将、七大勇将、三十员大将、八十员小将、十三位妃子，另有众多神佛高僧、妖魔鬼怪、敌国将帅、珍禽异兽等。史诗人物之众多，可列队成师；卷帙之浩繁，可囊山括海；情节之复杂，如蛛网密织。史诗内容广博浩繁，包罗万象，天界秘闻、王宫风云、战争势态、佛经哲理、历史文化、天文地理、民间趣事，无所不有、无所不含，是藏族历史、社会和思想文化的结晶，是后世了解青藏高原古代藏族社会历史、经济、文化、宗教、艺术和阶级关系、民族往来、风俗习惯的一部“百科全书”。史诗情节波澜起伏，人物形象鲜明，思想深邃，字里行间无处不闪烁着格萨尔英雄主义精神的光芒，蒙古国文学家、诗人达木丁苏伦赞它“像珍珠般地贯穿着真理和深意”。

史诗以浪漫主义和现实主义相结合的手法，将格萨尔塑造成一个亦神亦人的英雄。他原是白梵天王之子，因藏区妖魔横行、灾难连连，民众处在水深火热之中，而受天神指派下降人间救度众生。他降生在一个王族家中，自幼智慧过人，勇敢超群，3岁时就曾降伏九头鼠王，保护了岭国即将消失的草原，7岁时降伏了色卡王，夺回千千万万的牛角，供民众制造弓箭，但由于叔父晁同的阴谋，被放逐于草原当牧童。当国王年事已高，岭国决定采取赛马的形式选择继承人时，12岁的格萨尔因骑一匹神马而获胜，从此被拥立为国王。16岁那年，他到玛青雪山发掘了与他终身为伴的金银螺三种铠甲、珊瑚作顶的王冠、神变套绳、降妖铁链、无比宝刀、劈山大斧、护神结绳腰带等物。17岁那年开始，他率军南征北战，与恶魔交锋，与敌国争雄，先后征服150多个部落和方国。他一生爱憎分明，英勇善战，韬略非凡，深受岭国民众敬仰。当他完成普度众生的使命后，又脱离凡界，回到了天上。史诗自始至终都把格萨尔作为一个神话形象来塑造，他来自天界又回归天界的情节且不说，他的征战生涯中就有许多降妖伏魔、神鬼交战的描写，充满奇异而丰富的想象。如《加岭传奇之部》中写格萨尔征伐恶罗国时就有这样的情节：位于云南西北的卡瓦格博雪山，原是九头十八臂的煞神，格萨尔在对面山上向其射箭将其收服后，他就随格萨尔一起远征恶罗国；取得胜利后，格萨尔为其授居士戒，使其成为护法神而统领地面诸神，掌管着雪山脚下人们生命的源头和死亡的归宿。像这样的神话情节，是史诗各部的主要内容。

同时，史诗中的格萨尔又是一个关心民族利益、体恤民众疾苦、敢于抑强扶弱的英雄形象，他征战四方革除不善之王，反对分裂维护领土统一，在民众遭受群敌攻击和掠夺时挺身而出，勇敢迎战，夺回了民众的一切财富，最大限度地满足了岭国人民所需。所以，格萨尔这一亦神亦人的形象既受到佛界的推崇，又受到俗界的赞扬；既受到贵族的肯定，又受到平民的崇敬。过去的王公贵族、土司头人们崇敬格萨尔，不仅请艺人为他们专场说唱，还把史诗视为民族文化经典，出资刻印珍藏。目前发现的最早木刻本分部《英雄诞生》《赛马登位》等，就是林葱土司家的刻本；德格土司几大家庙也曾分别刻印过这部史诗的分部。佛教则认为格萨尔就是无量光佛、观音佛和莲花生大士三位一体的化身，所以康北许多寺庙都收藏有史诗的手抄本、木刻本以及格萨尔的画像。在民间，百姓们对史诗中的格萨尔更是崇拜有加，把他视为神，视为民族精神的象征。

史诗《格萨尔王传》是怎样

格萨尔藏戏（多吉彭措　摄）

创作、怎样说唱并传承下来并普及到整个藏区的，这至今是一个谜。如此浩繁的巨著是任何一个天才作家都不可能独立完成的，它一定是藏族人民集体创作和在漫长岁月里逐步完善的结果，而这种集体创作的主创人员就是那些众多的民间说唱艺人。那么史诗各部之间为何能够衔接恰当且有统一的思想和艺术格调？许多说唱艺人并不识字，仅凭耳闻心记口诵，又怎能记下数十万、数百万的诗行？如果艺人说唱时是根据情节框架即兴创作，那么艺人们驾驭情节结构、塑造人物形象和遣词造句的能力就更叫人觉得不可思议了！况且在尚无印刷技术且交通通信极不发达的古代，那些目不识丁的艺人们又怎能在相隔千里的不同地方说唱出内容相同的诗句？这些谜团无人能解释清楚，所以史诗的创作和说唱就有了多种神秘的说法。据有关资料统计，国内目前说唱《格萨尔王传》的艺人约有150人，其中藏族90多人，蒙古族40多人。这些艺人有五种类型：神授艺人、闻知艺人、掘藏艺人、

格萨尔故事唐卡画

德格格萨尔史诗故事千米长卷（局部）

吟诵艺人、圆光艺人。神授艺人大多不识字，往往是少年的某一天做了奇怪的梦，梦醒后就开始了说唱生涯，或是经历特殊，四处浪迹，偶然接触到别人说唱之后就也能滔滔不绝地说唱了。闻知艺人意为闻而知之的艺人，他们具有超人的理解和记忆能力，长期生活在史诗流传地区，经常听别人说唱，久而久之就能独立说唱。掘藏艺人说唱的则是发掘出来的伏藏故事，传说这类艺人的前世曾聆听过莲花生大士讲经或受过加持而与众不同，可以感觉到别人感觉不到的东西，看得见别人看不见的物藏或经书，便开始以史诗故事来教化调服民众。吟诵艺人都有一定的文化，可以拿着史诗抄本或印本为群众诵读，并一反那种一曲套百唱的唱法，曲调悠扬多变，声音洪亮动听。圆光艺人指的是用圆光术占卜的艺人，他们的眼睛与众不同，可以借助铜镜看到别人看不到的图像和文字，通过这种方法将史诗抄写下来照本说唱。现在藏区著名的老说唱艺人，大都是早年某一天做了奇梦或得了怪病之后，自然就会说唱的艺人，他们可以说唱五六十甚至七八十部之多。当然也有拜师学习并照抄本说唱的，但这些人最多也只能背诵几部、十几部罢了。

如今的藏区，史诗说唱活动依然盛行，民众在婚丧嫁娶、乔迁庆贺之时，往往要请人说唱格萨尔。艺人说唱格萨尔也是一种谋生的手段，他们走村串户，在街头、村寨、牧场可随时应邀说唱并得到一些报酬。民间艺人说唱时有许多讲究，有的要举行宗教仪式，有的要提前诵经，有的要穿特制的服饰，较为简单的是现场挂起与史诗故事相关的唐卡画，并摇鼓敲钹、拉琴配乐。说唱的时间可长至几天，也可短至数小时。由于史诗篇幅太长，说唱时只能根据环境场合选择相应的章节或片段。如婚嫁场合，就可选择格萨尔与王妃珠牡的爱情故事。也有一些特别爱好史诗的农牧民，将史诗的手抄本、木刻本以及格萨尔的画像供奉在神龛上，一有时间就自己照书说唱，自娱自乐。

清朝的格萨尔唐卡画

史诗的广泛说唱，使大量与格萨尔有关的民歌、格言、地名和传说故事萌生繁衍，无论是老人还是孩子，一说到格萨尔，都能讲出相关的趣闻和故事，开口就能唱出与格萨尔有关的歌。不仅如此，格萨尔形象还是绘画、雕塑和戏剧的主要题材。许多壁画、轴画、雕刻画和石刻，都是以格萨尔及其将领的肖像或征战场面为内容。珍藏于德格印经院的古代画版中就有关于格萨尔及其将领的画作刻版。丹巴县丹东乡的莫斯卡村是个仅有数十户牧民的偏远小村，可是那里竟然有上千块格萨尔史诗系列人物石板刻画，或是跨马骑射，或是征战情状，或是人物肖像，采用平面浮雕、阴刻、阳刻、线刻等手法，随石块形状而构图，夸张适度，形神兼备。藏戏是再现格萨尔史诗的最好形式，虽然藏戏因时空局限，只能截取史诗的某个故事情节或片段加以改编，但因为形象化的演出而具有很好的效果。民间嫁娶婚事、迎送庆典，就可请人跳（演）藏戏，内容多是格萨尔赛马登位或迎娶王妃珠牡之类的具有喜庆色彩的故事。最早把说唱史诗改编成戏剧进行演出的，是宁玛派六大传承寺之一的德格竹庆寺。根据格萨尔史诗改编的藏戏符合藏族人民的审美观和社会道德标准，为广大藏族同胞喜爱。现在，在藏区西部和北部，有200多座寺庙都保留有

德格格萨尔藏戏演出

格萨尔藏戏节目。

以史诗说唱、藏戏演出、故事传说、地名遗存、绘画石刻等形式而传承的格萨尔文化，深深地浸染着藏区的土地；说格萨尔、演格萨尔、唱格萨尔、画格萨尔、供格萨尔，已成为藏族民众精神生活的重要内容；史诗人物格萨尔作为一个神化形象，已成为藏族民众的精神象征，深深地影响着藏族民众的思想观念、道德情操和性格心理，影响着他们的生活模式和生存状态。

象形文写下的生死话题

纳西先民在漫长的历史进程中创造了丰富多彩的文明，并以东巴经为载体将其完整地保留了下来。在东巴经中，他们融进了对生命、对世界的思考和认识，因而东巴经就不仅仅是祭祀时吟诵的经书，也是历史、哲学、文学和科学的集成，是民族思想与智慧的结晶。

上刻神话人物的纳西东巴教神柱

东巴经是用象形文字写成的。这种文字创造于1000多年前，纳西人称之为“斯究鲁究”，意为刻在木石上的痕迹。这种文字由表意的象形符号加表音的假借字和附加符号共同构成，共有1600多个，主要用于书写东巴经书。因为有文字的记载，东巴经得以传至后世；又因为有东巴经的传承，这种文字得以延续，成为迄今世界上唯一活着的象形文字。

东巴经书写在当地所产的一种由木本植物树皮加工而成的厚棉硬纸上，左边装订，横长不到一尺（约0.33米），竖宽不足三寸（0.1米）。封面以图为饰，内容的书写顺序为从左至右，每面三行。书写的墨是由锅底烟灰或松明燃烧后的烟油伴以猪胆汁制成，笔为竹片削尖而成。

东巴书写经文（王寿林　摄）

东巴经中不仅洋溢着关爱生命的意识，更为可贵的是把人的生命与自然当作一个整体来看待。世上万物有枯有荣，人的生命也必然有始有终，因而产生了理性、豁达、超然的生死观。

东巴经本是记载东巴教的宗教经典，但内容却远远超出了宗教的范围，既包含了政治、历史、军事、哲学、道德、婚姻、文学、艺术、民俗等人文科学内容，又涉及天文、历法、农业、动植物、医药、地理等自然科学内容，因而被视为纳西族古代社会的“百科全书”。东巴经卷帙浩繁，保存至今的有1500多种，共2万多册，有祭天、祭龙王、祭祖、祭风、求寿、占卜、驱鬼、消灾、祈祷、超度亡灵等多种类型；每一类又可分为若干小类，从天到地，从生到死，应有尽有。东巴经文体多为韵文，三字句、五字句和七字句居多。有节奏，读来抑扬顿挫；有比兴，听来形象生动。其篇幅长短不等，有鸿篇巨制的史诗故事，也有短小精悍的寓言、短歌；有的以含蓄的故事启发人，有的以哲理格言训导人。

东巴经是纳西古代社会的全

东巴神园的木刻神像

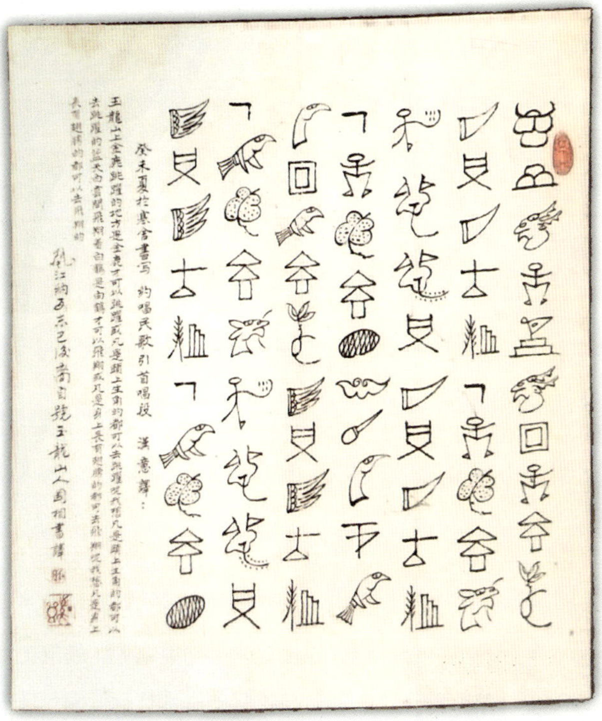

象形文字书写的民歌

息档案，是纳西先民繁衍生存的记录，沉淀着厚重的历史，弥漫着热爱自然、热爱生命的哲学思想，闪烁着思辨的火花。在祭山神龙王等经卷中，充满了与大自然和谐相处的期盼；在除秽经中，倡导一种否定原始群婚和血缘婚的新的道德伦理规范；在退口舌是非经中，有调解纠纷、处理人际关系的内容；在求寿经中，包含祈求健康、咏赞生

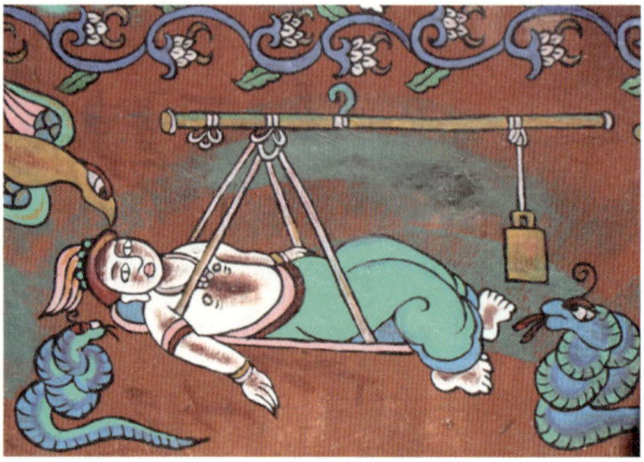

东巴教绘画：生前买卖欺诈，死后受到审判

命的内容。而那些气势宏大、情节曲折、人物众多的史诗，则多侧面、多角度地表现了对族源、环境、战争、爱情、伦理、道德、生命等方面的思考。

东巴经中堪称史诗的作品有十多部。其中以创世史诗《创世纪》、战争史诗《黑白战争》和爱情史诗《鲁般鲁饶》最为著名。创世史诗《创世纪》讲述了在天地混沌时期，物质经历复杂演变而产生了天神，天神又经历复杂过程创造了人种，人种经历漫长的磨难降生于人间，成为藏、白、纳西三族的先祖并繁衍后代。战争史诗《黑白战争》讲述的是在天地混沌时期，物质经过幻化演变成为美利东主和美利术主，分别代表白、

东巴诵经（王寿林　摄）

黑两界天地，他们为了争夺一棵开金花、结珠果的神树，爆发了持久而复杂的争战；后来代表光明的东主终于战胜代表黑暗的术主，黑暗灭亡，光明取胜。爱情史诗《鲁般鲁饶》属于祭风类经书，全诗以抒情的语言讲述了一个优美而凄凉的爱情故事，有着美好的意境、抒情的调子和强烈的情感，极富感染力。

东巴经中渗透着浓郁的自然崇拜意识，许多篇目中都表达了对自然的热爱和崇敬，或对山河、土地、草木、鸟兽予以颂扬，或对生存环境、家园村寨予以咏唱。东巴经认为，人与自然是同父异母的兄弟，所以“祭署”就成了东巴教最主要的宗教仪式（纳西族三大祭祀分别为：祭署、祭天、祭风）。“署”就是大自然，在“祭署”仪

古老的东巴经（王寿林　摄）

东巴诵经（王寿林　摄）

式上要反省自己是否有破坏环境的过错，若有就要向自然兄弟赔罪。在超度亡灵的经文中，认为人若在生前破坏了自然，死后在灵魂回归的路上就会受到各种惩罚：“如果你生前曾驱使猎狗追杀野兽，或在河里捕鱼蟹，如果你杀死野兽剥它的皮、分它的肉，报复的冷臭鬼就会产生；你杀死飞禽、杀死走兽，都会有冷臭鬼来折磨你……”这种热爱自然、保护自然、与生存环境生死与共的观念，至今依然闪烁着智慧的光芒。

东巴经中不仅洋溢着关爱生

命的意识，更为可贵的是把人的生命与自然当作一个整体来看待。世上万物有枯有荣，人的生命也必然有始有终，因而产生了理性、豁达、超然的生死观。东巴经《挽歌》的三首长诗及其他经卷都反复强调了这种观念。如《唱逝者》中就这样唱道：“世上没有一种生命，能够永远存活；人间也没有一个奇人，能千年万年生长不衰……”《买寿岁》则以一个荒诞的故事阐述了生与死的哲理：一个金银满仓的富翁有一天去金沙江淘金时，从水波中看到自己两鬓斑白的影子。他大吃一惊，很是沮丧，决计卖掉家产买回长寿。他走遍云南很多地方，都没找到卖寿岁的人，就悲伤地大哭起来。当他返回故地时，发现湖水已经干涸，柳树已经凋零，万物都已衰老，他领悟到生老病死是大自然的法则，死是生的必然，于是就笑嘻嘻地回到了家中。这个故事含义非常深刻，如同《庄子》《列子》的寓言一样发人深省。

源远流长的牦牛文化

石渠县海拔高，气候寒冷，不适宜农耕，藏族同胞自古以来就只能以放牧为生。放牧的主要对象就是牦牛。

驱车于石渠大地，山坡上、草地里、湖泊边，随处都可见到成群的牦牛：它们或自由自在地徜徉，或驮着主人的帐篷和被褥炊具缓缓走向新的牧场，真可谓一道高原风景线。牦牛动作迟缓，性情温和，神态可爱。当它静静地觅食时，你停车路边，它会抬起头痴痴地打量你；当你走近时，它又显得有几分腼腆和胆怯，就慢慢悠悠地躲开了。然而，牦牛却是高原上的“真君子”，它有极强的耐寒耐劳精神，不仅能适应3000～5000米的高海拔气候和环境，还可攀登6400米以下的冰川，其耐性和力量胜过骡马。旧时马帮在途中遭遇大雪封山时，往往要靠牦牛脱离险境。

在石渠，人们的生息存亡与牦牛有着极为密切的关系：主要的劳动是放牧牦牛，主要的经济收入来自牦牛；生活的方方面面离不开牦牛，精神的喜怒哀乐关乎牦牛。走进石渠牧民

牧场上的牦牛

牦牛毛编织的胜利幢

的家中，可以看到他们不仅吃牦牛肉、喝牦牛奶、烧牦牛粪，还用牦牛的毛制绳、制毡、制帐篷，用牦牛的皮制衣、制靴、制坐垫，用牦牛的角制奶桶、制杯盏。所以，他们对牦牛怀有深厚的情感，称牦牛为“高原之宝”。

牦牛的驯化比羊要晚得多，但至少也有3000多年的历史。作为青藏高原最主要的牲畜，《山海经·北山经》曾有过这样的描述：“潘侯之山……有兽焉，其状若牛，而四节生毛，名曰旄牛。”1972年，在甘肃省天祝藏族自治县出土过一件青铜牦牛，也证明了牦牛在3000多年前已成为藏民族图腾的事实。这件青铜器长1.18米，高0.77米，牦牛弯角长达0.4米，重约75公斤，头部微向前倾，嘴张启呈吼叫状，造型古朴、雄健、生动。专家认为，这件青铜器表现的是古代祭神坛上的供牛形象。

在古代，由于藏族人民以牦牛为生存的依托，所以也就把牦牛供奉在他们的精神殿堂里。早在藏族的创世史诗里，牦牛就已被神化了，它的眼、角、蹄和心脏，分别变成了日月星辰和山川河流。在佛教传入藏区以前，本波教就有牦牛是从天界降到冈底斯山的神物的说法，认为牦牛是战胜邪魔的锐利武器；祭祀时不仅在神坛上供牦牛像，巫师身上也画牦牛图案。佛教传入藏区后，同样以牦牛为神的化身。密宗佛神像中的金刚大威德就是以牦牛为形象的护法神：九颗牛头层见叠出，手持各种兵器，八只健足威踏群妖，怒目而视，表现出无坚不摧的威猛和力量。现在，在石渠及整个康藏地区的村寨和牧场里，这种牦牛崇拜现象也极为普遍：山野的玛尼堆上放有牦牛的头骨，门楣上画有牛头的形象，在各种艺术创作中，牦牛也始终是艺术家们钟情

在古代，由于藏族人民以牦牛为生存的依托，所以也就把牦牛供奉在他们的精神殿堂里。早在藏族的创世史诗里，牦牛就已被神化了，它的眼、角、蹄和心脏，分别变成了日月星辰和山川河流。

在牧场上（多吉彭措 摄）

的题材。一些牧民在宰杀牦牛前还要诵经，并举行一些简单的宗教仪式。

说到牦牛文化，不能不提到牦牛舞。这种舞的主要道具是用牦牛毛编织的牦牛毯，由专业工匠制作，酷似活牛。跳舞时一人舞牛头，一人舞牛尾，在激越的鼓号声中腾闪跳跃，类似汉地的狮舞。这种舞既能表现牦牛的威猛、雄健，又能表现藏族人民粗犷强悍的性格。牦牛舞缘于古老的祭祀舞，表演的目的在于驱邪。不过后来说到牦牛舞的起源时，却带有了浓郁的藏传佛教色彩，并将其与五世达赖（1617～1682）联系在一起：五世达赖某一天在梦中见到一头神牛，它的一双犄角是世俗谛和胜义谛的标志，角尖上有火焰，能辟邪和消灾；头上装饰的五色彩带是大日如来、不动如来、宝生如来、阿弥陀如来和不空成就如来五佛的标志；张开的嘴和圆睁的眼是彻底消除贪、嗔、痴三种烦恼的标志……后来，人们就按照五世达赖梦中所见塑造了神牛，并跳神牛舞以示纪念。这个传说告诉我们，在五世达赖时期，藏族人民的牦牛崇拜已达到相当的程度。

牦牛在藏族人民心目中的地位就像龙在汉族人心目中的地位一样崇高。不同的是汉族崇拜的龙是虚幻的，而藏族人民崇拜的牦牛是实实在在的，与人们的生活息息相关。不过，这种崇拜也束缚了经济的发展，不少牧民不忍也不愿匆匆地将牦牛变成商品，往往把壮牛养成老牛，既浪费了草场资源，也降低了经济效益。

手工摇牛奶（多吉彭措　摄）

古羌人后裔的共同记忆

玉龙雪山下的东巴神园里，《神路图》被放大成地面浮雕

民族学知识告诉我们，藏缅语族所包括的中国十七个民族的族源，都与古代北方“逐水草而居”的游牧民族有关，如彝语支的彝族、傈僳族、哈尼族、拉祜族、阿昌族，羌语支的普米族、白族，景颇语支的景颇族，未定语支的独龙族、怒族等，都是古代西北古羌部落各个支系向南迁徙后与当地土著人融合而成的民族。

清代早期羌人在游牧生活中使用的羊皮水壶

战国时期，古羌人生活在青海河湟地区，后因秦献公势力扩张，被迫向西迁移。西汉时，一部分被驱赶至西北沙漠地区，称为西羌；一部分迁往内地，继而又迁往甘肃、宁夏、内蒙古，称为东羌。其后，羌人部落不断分化瓦解，散居各地，并陆续开始向南迁移，进入四川西部和云南西部。

历时千年的逃亡式的大迁徙，加深了他们对家园的深切怀念和失去家园的痛苦，使他们深切地感受到开创家园的艰难和生存环境的重要性，形成了强烈的自然崇拜和祖先崇拜意识。

古羌人为何向南迁徙，史料并未记载，但有一点是可以肯定的：他们的迁徙不是主动放弃家园，而

纳西东巴超度亡灵仪式展开的《神路图》（杨福泉 摄）

是出于某种迫不得已的原因。比如，随着人口的繁衍，自然资源贫乏的矛盾随之出现；争夺生存空间和牧场资源的斗争日益激烈；强大的民族或部落对弱小的民族或部落进行排挤，迫使其不得不放弃家园，去寻找新的栖居地。

古羌人的大规模迁徙是从2000多年前开始的。这种迁徙是在漫长时间里的反复迁移，一次次变更栖居地，历经千年磨难，才形成了后来的民族定居格局。如在云南西南地区的拉祜族，原本生活在青海境内河湟地区的黄土高原，后曾迁移到青海湖畔。之后又迁移到青海西部和南部，并建立过苏毗国和多弥国，但都被吐蕃所灭，余众只好告别故地，越过四川盐边、盐源和攀枝花一带，走走停停，历经几百年而到达今云南西南澜沧江畔及临沧、思茅一带。之后又经过小规模迁徙、分化、融合，才形成今天的栖居格局。再如纳西族，祖先是公元前4世纪从青海南迁的古羌人，他们的迁徙路线极为复杂，先到达甘肃武都，再到达四川松潘，公元前1世纪部分分支再向南迁移，其中一支过雅砻江进入滇西北永宁、宝山、洱海等地，经过分化、融合，最后在丽江、永宁等地定居下来，并与当地的多种土著民族融合而成为后来的纳西族。其他各民族，如哈尼族、景颇族、彝族、普米族、阿昌族、怒族等民族，也都有同样的迁徙、融合的历史。

古羌人南迁是一个历经千年的复杂而艰辛的过程，是一个不断放弃家园而又不断开拓新的家园的过程。这个过程困难重重，凶险迭出，不仅要经历各种自然灾害，要不断适应新的生存环境，更要经受一次次血与火的洗礼。几乎每个民族的先祖都在迁徙途中经受了无数次战争的考验，所以，历时千年的逃亡式的大迁徙，加深了他们对家园的深切怀念和失去家园的痛苦，使他们深切地感受到开创家园的艰难和生存环境的重要性，形成了强烈的自然崇拜和祖先崇拜意识。他

纳西村寨（王寿林　摄）

继承了古羌人文明习俗的彝族火把节

们深深怀念着先祖美好的家园，总幻想有朝一日能够重整旗鼓，返回祖先故地，所以在迁徙途中就以树脂在衣服上绘出了沿途的大山、江河的形象，记下了沿途的地理特征，目的是为后代提供重返故地的线路图。至今，许多民族服饰上五彩缤纷的图案，就是古代先民记下的山河地理图像的变异。

随着社会的演进和时间的推移，古羌人的后裔们知道返回祖地已不可能，仅仅是一种幻想，但对祖地的怀念却是刻骨铭心的，祖地留给他们的记忆也是永远不能磨灭的。所以，他们在活着时不能返回祖地的情况下，就希望死后亡灵能沿着先祖迁徙的路线返回故地，就像落叶归根一样。于是，各民族就有了超度亡灵回归的宗教习俗。

普米族超度亡灵仪式由嗽麻或汗归（巫师）主持，有一系列复杂的程序，但主要内容是为亡灵指出路线、扫清道路，使其在漫长的回归途中能闯过道道难关。在超度仪式上，神职人员要对亡灵唱这样的歌："前面那九座山垭你莫要停留，前面那五条大河你莫要犹豫，翻过那座恶鬼遍布的高山，你就能看到先祖的那片仙境……”这些唱词就是迁徙路线上地理特征的反映。接着还要为亡灵描绘先祖栖居地的情景：“那里森林布满山岗，有白鹤在林边小溪畔飞翔；那里芳草铺满大地，有牛羊在草地上徜徉；那里阳光分外灿烂，洁白的毡房在阳光下闪亮……”哈尼族超度亡灵时有专门的歌手为亡灵唱歌：“那座黑色的高山布满妖怪，你莫停留；那条大江黑浪咆哮，你要谨慎小心；路边有人叫你，你不要搭理；遇到三岔路口，你从中间行……”这也是迁徙途中的艰难险阻在祭歌中的反映。哈尼族歌手为亡灵送行时还必须要给亡灵提供一个返回祖地的路线图，这就是戴在头上的一种叫“吴帕”的头饰。这种头饰粗布织底、丝线绣边，上有各种图案，其中有锯齿形的山峰造型，分别象征迁徙途中的几个重要时代：民族大战时代、川西高原聚居时代、哀牢山开辟栖居地时代等，并有许多图案象征各个时代栖居地的地理特征。

而最复杂的还要数纳西东巴教的超度仪式。纳西族认为人死后灵魂必须要回到先民栖居的地方，而归途又是漫长而艰辛的，必须要东巴祭师们为其做几天的超度。东巴教超度时要念一系列的经文，如开丧经、盖棺钉塞经、祈福经、打拦路鬼经、超荐祭祖经等，还要展现一幅专门用于亡灵超度的长幅图画《神路图》，上绘鬼神人物360多个、动物70余种，涉及鬼域、人间、天堂三界。而在鬼域里有多种恶鬼守关拦路，亡灵回归时会遇到重重阻碍，所以东巴祭师要对亡灵吟诵这样的经文：“给你穿上虎皮服，猛虎的威风就闪耀在你的身上，途中即使有真的老虎来临，你也不会畏惧……给你戴上鹰翎帽，雄鹰的威风就注入你的心灵，你不

为超度亡灵回归祖地是东巴法事的主要内容

会畏惧归途中的雷电，你不会害怕路上的风雨，来犯的仇敌，将匍匐在你的面前。你带上利剑，穿上盔甲……骏马面前没有跨不过的壕沟，利矛面前没有穿不过的骨头，勇士面前没有打不败的敌人。”亡灵回归途中为什么会有仇敌呢？这还是因为先祖在迁徙途中曾发生战争，杀死过许多敌人，亡灵穿越曾发生过战争的地方，途中必定充满险恶。各地东巴祭师为亡灵描绘的回归路线是不完全相同的，但都与先祖各个支系迁徙的路线相吻合，目的地也都是传说中先祖最早的栖居地，即青海境内的河湟地区。对于那个地方，东巴经里是这样描绘的：“在梅氏族祖先所住的地方，山岗布满森林，红虎在山上跳跃；在束氏族祖先所住的地方，大地芳草青青，白鹅在那里下蛋；在尤氏族祖先的住地，鲜花盖满了大地，白鹿在山上游逛；在伙氏族祖先所住的地方，人们住在白毡房里，牦牛在山上嬉戏……”

古羌人的迁徙已成为藏缅语族十多个民族不可磨灭的记忆，这些记忆深深地沉淀于他们的精神意识中，表现于他们的服饰、民居、宗教和文学艺术等各种文化现象中，也影响着他们有关生与死的哲学思考。

古代先民在迁徙途中留下的岩画

怒江边的傈僳村寨（张北星　摄）

怒江子民的农耕意识

栖居于滇西怒江大峡谷的各民族都是古代青藏高原游牧民族的后裔，他们经过几百年的迁徙，最终在怒江峡谷定居下来，也完成了生产方式从游牧到牧耕再到农耕的转变。

怒江流域群峰并列，峡谷纵横，地理地貌极为奇特，寒、温、热三种气候类型同时存在。那里曾是一个被历史遗弃的角落，有“极边之地”之称，千百年来，生息于怒江流域的各族子民，凭着无与伦比的坚韧和耐力创造了令人惊叹的生存奇迹。他们住茅草小屋，走索桥藤梯，靠木石工具在贫瘠的火烧地里种植荞麦、燕麦、小麦、玉米、稗子、青稞、豌豆……明清的史料曾对那里各民族的生存状态有过记载，如清余庆远《维西见闻纪》中有对怒族的描述：“覆竹为屋，编竹为垣，谷产黍、麦，蔬产薯蓣及芋，猎禽兽以佐食。”因为生活艰辛，他们三年才过一次年。这种艰辛耕种、微薄收获的现实，迫使他们依命于农，寄情于农，从而产生了农耕意识。这种意识首先体现于人们对粮食的依赖、敬畏和崇拜。如独龙族就有这样的观念：粮食和人一样是有“卜辣”（灵魂）的，没有“卜辣”就不会生长。所以在播种时就有许多讲究：将几家人的种子混在一起，让种子也和睦相处；撒种时竹筐不能滚动，旁边不能有小孩吵闹，以免惊吓了种子的魂；庄稼成熟了，先要象征性地收一点回家，然后喊叫粮食的名称；真正收割的时候，要将竹子劈成两片，交叉放在路上，用兰花叶子缠绕，以免各种鬼魂来干扰，这样粮食的魂才能顺利回到家里。同样，栖居在高山峡谷中的傈僳族也是崇拜自然的民族，他们认为万事万物都有灵魂，地里庄稼长得好不好，与粮食的魂有直接的关系。所以，收获时要把粮食的魂叫

脱粒小麦

麦收时节

回来，以免在野外东游西逛，影响第二年的收成。

傈僳人的尝新节和拉玛人的过半月（也称尝新节），则表达了人们对粮食的渴望和对丰收的祈愿。傈僳族的尝新节在秋收时节举行，届时家家都要做米酒，煮新米饭，还要在村寨前的草坪上燃起篝火，男女老少聚集在一起，载歌载舞，共同庆祝丰收。所跳舞蹈也多是表现播种、收割、打场等农耕劳动。拉玛人的过半月在每年农历七月中旬举行，届时要从田里收获一小箩成熟的谷子，从坡上收几棵成熟的苞谷或其他成熟的粮食，做成食品放在大簸箕里，用以供奉“五谷神”，感谢五谷神带来的丰收。敬过神后拿一小部分喂牛，表示对耕牛的酬谢；给狗也吃一点，感谢传说中的狗给人间带来了谷种。之后，全家人才能一起品尝。过半月过后，人们才可开始收割庄稼。

强烈的农耕意识，还体现在

怒江流域各族民众都擅长酿酒。图为纳西人的酿酒作坊

各民族的历法中，如傈僳族、怒族、独龙族和勒墨人的古老历法，时段划分以时令变化为依据，以农事安排为目的，就像他们的农耕进程表，被年复一年地遵循着。怒族的古老历法把一年分为12个月，每月30天，没有大小月和闰月之分；12个月又分为春、冬两个季，春季是农耕季，包括备耕、播种和薅锄三个阶段，相当于公历的三月到九月，冬季是农闲季，包括收割、砍柴编织、打猎三个阶段，相当于公历的十月到次年的二月。栖居于怒江峡谷中游的傈僳人借助花的开放凋谢、草木的茂盛枯萎和野兽的鸣叫，总结出一套自然历法，把一年划分为干、湿两大季，共10个小季（月），分别命名为花开月、鸟叫月、烧山月、饥饿月、采集月……这些季节的命名已明确地告诉人们在某个季节该干什么。栖居在独龙江峡谷和怒江峡谷的独龙族人，没有汉民族的月份和节令的概念，他们认为地球绕太阳一周，即第一次大雪封山到第二次大雪封山这段时间就是一年，其间月亮盈亏12次，第一次月圆到第二次月圆就是一个时段，相当于一月。一年的第一个时段称为“德则大龙”（相当于十二月），意为山顶积雪、没有农活的日子。这个时候，女人在家搓麻线织布，男人可上山打猎。草木发芽了，积雪融化了，称为“阿蒙龙”（相当于一月），这是开始筛选小麦、青稞种子准备播种的季节。草木愈渐茂盛的时节称为“阿暴龙”（相当于二月），意为小草长到四指高了，这时男人们可以用火烧地，女人们就准备种洋芋了。桃花开的时节称为“奢久龙”（相当于三月），这时候就开始种苞谷、种南瓜了。如此等等，每个时段（月份）的名称都与人们耕种劳作有直接的关系，可以说这样古老的历法就是人们根据自然变化来安排生产活动的进程表。如今独龙族已普遍使用公历纪年，但根据草木荣枯和鸟兽鸣叫来选择播种收获时机的传统依然被遵循着。

在各民族的宗教习俗中，也渗透着浓郁的农耕意识。无论是祭天地、祭祖、祭鬼神，还是为亡灵超度，祷祝词往往都离不开有关农耕的内容。如傈僳族过大年时，族人要在长老带领下祭祀自然万物的最高神“米斯尼”，仪式由祭师主持，全村人一起诵念祭词，其中的主要内容就是对来年农业丰收的期盼。怒族、普米族、独龙族在各种祭祀活动中也都要祈求祖先和神灵保佑庄稼丰收。茶山人在为死者送葬时，亲人们要穿上寿衣，不断做出挖地撒种、栽秧和收割的动作，意在向死者表示：活着的人会继续辛勤劳作，让先人开创的产业不断发展。这种围绕棺木表演的舞蹈被称为“绕棺舞”。

当然，最能体现出怒江子民重农意识和爱农情感的，还是他们的民间文学和艺术。无论是怒族还是傈僳族，无论是独龙族还是普米族，无论是勒墨人还是茶山人，他们的名目繁多的歌舞，大都以农耕为题材和内容，或表达生产劳动的艰辛和快乐，或表达对神灵和土地的敬畏，或表达对五谷丰登的渴望。怒族和傈僳族都是善舞的民族，他们保留着许多古代传承下来的舞蹈，这些舞蹈被称为摹拟舞，大都由摹拟生产劳动过程而来，如傈僳族的割小麦舞、开火烧地舞、播小米舞、秋收舞等。傈僳族的民歌种类繁多，其“木刮布”（意为老人唱的调子）大都与农业生产有关。普米族也是喜好歌舞的民族，生产活动中总喜欢以歌为伴，他们的传统民歌大都以农业生产的经验、过程、知识等为内容。独龙族人性格内向，没有随处歌唱的习惯，但他们在祭祀或庆祝时也一定要有歌舞。他们的歌多是先祖传承下来的古老的歌，纯朴明快，蕴含着一种绝境中创造生存奇迹的坚韧和执拗。播种前的祭祀活动中就要唱这样一首歌：“种子是‘格蒙’（神灵）给的，毒蛇走开，老鼠走开，猴子走开！种子撒在石头上，在石头上长出来，撒在木桩上，在木桩上长出来，让我们的苞谷像刀子一样硬硬地挺着，让我们的稗子像石头一样稳稳地站着……”

怒江峡谷（张北星　摄）

强烈的农耕意识，是不得不与土地唇齿相依的生存状态和不得不依命于农的生存方式的产物。这种意识传承千百年，不仅贯穿于人们衣食住行和生产劳动的全过程，也深深渗透于人们的道德观、价值观、生命观和人格观中，成为民族精神的重要组成部分。

千百年来，生息于怒江流域的各族子民，凭着无与伦比的坚韧和耐力创造了令人惊叹的生存奇迹……这种艰辛耕种、微薄收获的现实，迫使他们依命于农，寄情于农，从而产生了农耕意识。

怒江峡谷山高谷深，海拔落差大，气候复杂，生栖在那里的各民族子民们对自然界草木枯荣、鸟飞虫鸣、天气变化、星斗转移等现象进行观察，总结出多种不同的自然历法。这些历法是他们与自然和谐相处的法则。

怒族农业历

怒族历法与农业关系密切，怒族人称之为“农业历”。这种历法将一年分为12个月，每月30天，不分大小月和闰月。12个月又分为两季：农耕季和农闲季。农耕季备耕、播种、薅锄，相当于公历的三月到九月；农闲季收割、砍柴、编织、打猎，相当公历的十月到次年的二月。农闲季又分为三个阶段，从事农事主要靠观察自然现象，如树发芽、阳雀叫，开始翻土犁地育秧苗；黄泡熟，开始种玉米；树叶变黄，开始播麦；等等。

勒墨人的古老历法

在勒墨人的古老历法中，一年有13个月，每月30天。平年12个月，没有二月。二月为闰月，也叫闲月或余月，是否有闰月要等三月到了才知道。桃花开为三月的开始，桃花开了就算是正月刚结束，也算进入了三月，就没有二月了。如正月过去桃花未开，就有了二月，全年就为13个月。这种历法有大小月之分，出现月牙为初三，月圆是十五，以此类推。初一过后是初二，但如果晚上月牙已出现，那就算到了初三而没有初二，这一月就只有29天，为小月。如此推算，平年12个月354天，闰年13个月384天。

独龙族的原始历法

独龙人视头年大雪封山到次年大雪封山为一年，其间从这次月圆到下次月圆为一月。全年12个月，依次为：“得则大龙”，即松闲月，男子可打猎，女子可织布；“阿蒙龙”，山顶雪未化，可在江边种洋芋、小麦；“阿暴龙”，大地发青，可为播种做准备；“奢久龙”，鸟开始鸣叫，播种开始；“昌木蒋龙”，即花开月，百花齐放，可种玉米、稗子等作物；“阿累龙”，竹子出笋的季节，可给庄稼薅草；“布安龙”，是青黄不接的饥饿月；“阿茸龙”，山草开花，瓜果成熟；“阿长木龙”，收获开始的季节；“者洛龙”，收获月；“总木甲龙”，降雪月，准备过冬；“力哥龙”，打猎季节。

傈僳族的自然历法

傈僳人把一年划分为干、湿两个大季，干季从头年十一月到次年二月，湿季从三月到十月。同时又把一年划分为10个小季（月），依次为：花开月（大致相当于公历三月，下同）、鸟叫月（四月）、烧山月（五月）、饥饿月（六月）、采集月（七至八月）、收获月（九至十月）、煮酒月（十一月）、狩猎月（十二月）、过年月（一月）、盖房月（二月）。

纳西先民的环保意识

临水而居的丽江纳西人

纳西人认为，人死后灵魂应沿着先民向南迁徙的路线回到祖先栖居的地方去，就像落叶归根一样，于是就有了一套为亡灵超度的宗教仪式。在这种宗教仪式上，东巴祭师要手持法器与妖魔鬼怪进行一番搏斗，目的是给亡灵开路领航，助其在漫长的回归途中闯过道道险关。各地祭师虚拟的亡灵回归路线是不同的，但目的地都是先民栖居的地方，即古羌人的家园，今青海省境内的黄河、湟水流域。

祭山（王寿林　摄）

从这一宗教习俗可以看出，纳西人对先民曾经栖居的环境是眷恋的、热爱的，爱得如此深切，以至于要用宗教仪式来表达。纳西人认为先民的栖居地是极其美好的，东巴经中曾做了这样的描述：山岗布满森林，鲜花铺满大地，白鹤河边飞舞，牦牛草地徜徉，洁白的毡房在阳光下闪亮……学者认为，今天的纳西族是从北方迁徙而来的古羌人与栖居在滇西北的土著人融合而成的民族。古羌人原是以青海河湟地区为中心的“逐水草而居”的游牧民族，后出于种种原因一路向南迁徙。最后在丽江、永宁等地稳定下来，并与当地的土著民族进行融合，成为今天纳西族的两大支系：纳西支系和纳日支系，活动范围也不断扩大，延及滇川藏12县8万多平方千米。

古羌人的南迁，是几十代人历经千年得以完成的壮举。这个过程是一个不断被迫放弃家园又不断开

每年农历三月初五，丽江纳西人都要举行东巴法会，其祭祀的主要内容是祭祀大自然（王寿林　摄）

辟新的栖居地的过程，其间凶险迭出，玄机密布，他们不仅经受了洪水、干旱、冰雹、地震、泥石流等多种自然灾害，也经受了人为的艰难险阻和血与火的洗礼。虽然他们最终与土著人融合并在滇西北这片美丽富饶的土地上定居了下来，但先民的千年大迁徙却成为他们永久的精神记忆。失去家园的痛苦和开创家园的艰辛，使他们深切体会到生存的艰难，深刻地认识到崇拜自然、敬畏天地、珍惜环境的重要性。这种认识恰好与当地土著人创造于公元前7世纪的本波教相吻合。古羌人接受了本波教后，也将民族大迁徙的历史文化融入其中，使其发扬光大，形成了纳西人的东巴教和用完整的象形文字书写的东巴经书体系。

东巴教认为，天地间是一个大家庭，是人、神、树木花草和飞禽走兽共同的乐园，人与自然必须相互敬重，相互依存，和谐相处，悲欢与共，人要像保护兄弟一样保护大自然。据纳西学者杨正文介绍，东巴教发源地中甸白地一带流传下来的东巴祭龙王经、祭风经、消灾经、超荐经、求寿经等，就有10大类600余种。这些经书中都贯穿了盛赞自然、敬畏自然的内容，都把天地日月、飞禽走兽、山川草木视为一个整体，视为一个充满灵性的世界，而人只是这世界的一个组成部分。东巴史诗《创世纪》《黑白战争》《鲁般鲁饶》，不仅歌颂了祖先开天辟地、战胜灾害、建设家园的伟大精神，还表达了浓郁的自然崇拜之情和强烈的与自然融为一体的生命意识。在许多纳西古典文学、绘画和歌舞作品中，始终洋溢着对雪山、草地、树木、鲜花及动物的礼赞之情，萦绕着对自然灵性的咏叹。

把这种自然崇拜上升到人与自然的辩证关系后，就概括出一个自然精灵的化身——“署”，也就有了“祭署”仪式。这种大型的宗教仪式以宗族为单位，每年春秋两次，每次四天。在“祭署”仪式上，人们要面对自然反省自己是否有捕杀动物、砍伐森林、开山炸石、污染水源等方面的罪过，如果有，就要向自然兄弟赔罪，即便生产生活中迫不得已砍了树、打了猎、捕了鱼，也要向自然献上贡品请求宽恕。除这种集体祭祀活动外，各家各户还有经常性的祭祀自然神的活动。信仰东巴教的纳西人都相信人若伤害了大自然，不仅要遭到自然的报应，死后灵魂也要遭受磨难。被称为古代宗教绘画第一长卷的《神路图》，是东巴教超度亡灵的路线图，涉及鬼域、人间、

这是超度亡灵使用的《神路图》的其中一幅，长虎头的“冷臭鬼”和腰系虎皮、绿身黄发的“冷臭鬼”一起守着第六座山头。长豺头的“冷臭鬼”，绿脸发红，手持一把镰刀，和黄发红身的“冷臭鬼”一起守着第五座山头。经书上说丁巴什罗生前曾杀死许多有斑纹的动物，因此“冷臭鬼”在此守住路口，不让亡灵回到祖地。要通过这些关口，就要祭献多种祭品来安慰这些“冷臭鬼”

天堂三界。在鬼域里有多种多样的鬼怪阻挠亡灵的回归，这些“冷臭鬼”正是因死者生前种种破坏环境的过失而产生的。因为生前捕杀鱼类、捕杀野兽，吃它们的肉，喝它们的血，穿它们的皮，所以死后亡灵要被这些善面的恶鬼用刀砍、用锯锯、用火烧、用油炸；因为生前开山砍树破坏植被，所以死后亡灵回归的途中有恶鬼断桥阻路、持刀追杀……《神路图》配有系列经文，完整地反映了东巴教崇拜自然的观念，并以宗教的形式来固化人们与自然和谐相处的人格理想、道德观念和行为规范。

所以，纳西族人自古以来在保护生存环境方面就有令人惊异的自觉性。他们在耕种土地的同时，对土地怀着感恩和敬重之情，早在明代，就实行了“间耕休耕”制。这种耕作法是：同一块地，本年种粮，次年种菜，第三年停而不种，

纳西族老东巴（王寿林　摄）

东巴教认为，天地间是一个大家庭，是人、神、树木花草和飞禽走兽共同的乐园……在许多纳西古典文学、绘画和歌舞作品中，始终洋溢着对雪山、草地、树木、鲜花及动物的礼赞之情，萦绕着对自然灵性的咏叹。

第四年又种粮，依次循环，让土地得到充分休养。事实上，纳西人栖居的地区可开垦的荒地是极多的，但他们因害怕破坏植被而不情愿开垦，所以一直到雍正年间木氏土司被废除时，纳西人栖居的丽江地区耕地仍是非常少的。在一个世纪以前，纳西许多村寨制定了以保护森林、动物和水源为主要内容的乡规民约。到20世纪50年代，许多村寨还成立有“老民会”，其职责之一就是保护生存环境。谁家盖房、做家具需砍树，首先要得到老民会的同意；谁家在河里倒垃圾、洗污秽物，滥捕动物，也会受到乡规民约的处罚。至今，在许多纳西人家，仍有不在厨房里烹煮狗猫及各种野生动物肉的习俗，这也表明他们对捕杀动物的否定态度。

知道了纳西人强烈的环保意识，那么被称为“高原姑苏”的丽江古城的诞生也就不足为奇了。把古城建在水边，让三条河流和众多支流穿城而过，流水蜿蜒而前，街巷随弯就势，形成了主街傍河、小巷临渠、家家清流、户户杨柳的独特景观。这正是纳西人崇拜自然的结果，是纳西人追求与自然和谐相处的杰作。

环境污染是目前人类生存需要面对的一大问题，全球每分钟有10公顷土地变为沙漠，有20公顷森林消失，有30万吨土壤流失，每小时有2种物种灭绝。1972年6月，世界100多个国家的首脑在斯德哥尔摩人类环境会议上通过了《人类环境宣言》，这标志着人类环境意识的觉醒。而纳西族先民千年前就产生了强烈的环境意识并付诸行动，这的确是令人敬佩的。

丽江源被视为圣地，在此地的祭祀表达了对大自然的崇敬之情（王寿林　摄）

拉玛人与“开尼”

拉玛人是白族的一个支系，人口不足5万，大部分聚居于兰坪县境内的澜沧江两岸，少部分栖居于怒江峡谷。他们自称“民家”“白子”或“哥剥轰”，意为不同于苍洱白族的“住在江边的这一群”。相传拉玛人是明朝末年从大理白族分裂出的一支，他们向西迁徙后定居于怒江流域和澜沧江流域，经数百年繁衍发展而成为白族的一个支系。

由于地域的荒凉闭塞，拉玛人的许多传统文化习俗得以完整地传承下来，其中最为璀璨并展现出迷人魅力的当数“开尼”（也译为“克益”）。开尼是一种古老的民歌演唱形式，用拉玛语演唱，有严谨的格式和固定的曲调。曲调悠扬平和，舒缓自如，表现出一种恬静之美、古幽之美，听之令人产生旷达、

开尼既是民族道德精神和性格心理的载体，又是教育和熏陶族人的精神工具。千百年来，生活于闭塞环境且缺少文化的拉玛人，正是靠开尼得到了精神的滋润和养育。

拉玛人唱『开尼』（蔡武森 摄）

拉玛人唱“开尼”
（蔡武森　摄）

空灵之感。唱开尼是拉玛人生活的重要组成部分，就像吃饭穿衣一样不可缺少。演唱不择场合，不拘形式，可低吟、可高歌，可独唱、可合唱，可清唱、可伴奏、可和舞。田间劳动时可以唱，地头休息时可以唱，年关节庆可以唱，婚丧嫁娶可以唱；可随意尽兴唱，可组织起来唱。凡在大的场合正式演唱，就有一定的讲究，要有伴奏，要男女分班对唱，一问一答。如果唱传统内容就不能错段，不能改词改调。如即兴对唱，往往一方借景抒情，以歌提问，另一方则借物喻人，以歌作答。

对唱形式的开尼唱词，每句的字数、音律都有一定的讲究，格式严谨，读之抑扬顿挫，富有节奏感。唱词精练，多采用比兴手法，形象而含蓄。开尼唱词中保留了许多古拉玛语成分，尽管各地拉玛人语言互不相通，但只要一唱起开尼，语言障碍就会自动消除。开尼唱词题材广泛，内容丰富，从天到地，从人到社会，从生到死，无不涉及；家园开创、生存繁衍、婚姻爱情、农耕渔猎、民居饮食，无不包容。有反映社会不公和荒灾年成的：“吃了草乌偏又不闹（即中毒），上吊绳子又不牢，死也没门道，提桶舀水遇天旱，背篮采花遇花谢……”有表达老人志向的：“天上星星我想摘，地上猛虎我敢逮，你莫小看我，人老不比旧斧锄，要是相同旧斧锄，刚炉重塑造……”有歌颂爱情的：“相为生来相为死，就是一刀劈两半，血流成一滩……”

这些优美的诗歌既根植于社会生活，有清晰的现实印记，又有大胆的想象，弥漫着浓郁的浪漫气息；既表达了对黑暗、丑恶、自私、贪婪和背信的批判，又流露出追求正义、善良、刚直、忠贞和友善的愿望。传统的开尼，以反映劳动人民苦难生活为主，唱词多以荒灾、饥寒、社会不公和生存艰辛为主要内容。随着时代的进步，拉玛人的社会生活发生了巨大变化，开尼唱词中逐步融进了歌颂美好生活的新内容。可以说，丰富的开尼唱词既是拉玛人对世界的思考和对生命的感慨，也是对拉玛人生存历程的记录。

开尼是群众性的文艺活动，村寨里男男女女自幼耳濡目染，每个人都能唱几段。有人因对开尼爱得痴、悟得深，加上嗓音好、脑子灵，慢慢成为出类拔萃者，被人们誉为“开尼代”或“大开尼代”，有权威、大师之意。这些民间大师不仅唱得好，关键还在于他们具有非凡的即兴创作才能。在竞歌演唱时，双方即兴编创，能对唱几天几夜而词不穷、语不竭。有人曾撰文讲了一个开尼大师的故事，给人留下了很深的印象：

有一个叫马启后的人，唱开尼很有名，另一个大师就找上门挑战，并以一头牛为赌注。两人对唱几天几夜不分高下，挑战者看到对方嘴上长了一个缺（兔唇），很

拉玛人唱“开尼”

不雅观，于是即兴唱出了这样的句子：“有缺口的碗很不雅观，却不影响使用；兔子因为豁嘴，才更逗人喜欢；如今你也来个豁嘴，不知有何意趣？”马启后略加思索，给出了很妙的回答：“白布汗褟之所以高贵，是因为左右两缺口为它提高了价值；天上的月亮因为有缺，才出落得这般姣好；假如在下不是豁嘴，怎会挑起你的忌妒？”挑战者一时答不上来，心甘情愿地输了一头牛。

就是这样一些被称为“开尼代”的民间说唱大师的代代传唱和创作，才使开尼得以丰富和流传。

开尼具有广泛性、普及性、娱乐性、随意性，随时可以演唱，所有人都可参与。每逢农闲或祭祀先祖、节日节庆、婚丧嫁娶，开尼就是人们宣泄感情、表达愿望、寻求寄托的最好方式。所以说，开尼既是民族道德精神和性格心理的载体，又是教育和熏陶族人的精神工具。千百年来，生活于闭塞环境且缺少文化的拉玛人，正是靠开尼得到了精神的滋润和养育。在开尼的世代传唱中，他们的价值观得以固化，审美情趣得以提升，道德情操得以形成，民族精神得以弘扬。

TIPS

拉玛人是白族一个古老支系，他们保留了许多白族人的风俗习惯，如火把节、清明节都是他们的重要节日。拉玛人的名字特点为同辈相连：第一个孩子名字确定后，以后出生的孩子必须按这个孩子名字的第一个字或第二个字起名，这样即便是同代再多，名字也是依次相连的。

服饰上的精神印痕

在横断山区域栖居着近30个少数民族，他们的服饰种类繁多、绚丽多彩。这些将奇异款式、纷繁图案和琳琅饰品融为一体的服饰，不仅具有遮风避雨、防御野兽、提示性别等实用的服饰共性，也是具有指示作用和象征意义的文化符号，或沉淀着神话传说和部族历史，或表达了图腾观念和自然崇拜。

据史料记载，古代中原地区周边的多个土著部落为争夺地域，发生了一次又一次的战争，造成了许多部族的迁徙、分化、融合。战争是刀与血的话题，是残酷的，迁徙是辗转中的生死考验，是艰辛的。所以，战争和迁徙自然就成了各部族记忆中最为惊心动魄而又刻骨铭心的部分。为了让后代不忘自己的族源历史，永远铭记祖先的战争迁徙和生息发展过程，各部族在没有文字的情况下，大都采用古歌传唱和服饰图案这两种形式来记录并传承他们的历史。这样，许多民族服饰就成了记忆的载体、历史的浓缩。

藏缅语族的纳西、傈僳、彝、普米、怒等民族，都是氐羌部族分支南迁后与当地土著融合的民族。他们的先祖因战争或被排挤一路向南迁徙，饱尝了失去家园的痛苦，所以，对先民栖居地的怀念和对先祖浴血奋战的崇敬，就成了民族心理意识和传统文化的基调，并表现在他们的服饰上。如普米族，公元7世纪前属被称为“西蕃”的青海游牧民族，后来向东向南迁徙，沿途与当地土著多次发生战争，伤亡十之六七。为了铭记先祖的家园和迁徙的历史，普米族妇女们的百褶裙上都绣有一道彩色线条，表示先祖迁徙的路线，他们相信人死后灵魂会沿着这条线路回到先祖曾经的家园。傈僳族是彝族“乌蛮”与当地土著融合而形成的民族，在民族形成的过程中经历了一次次战争和迁徙，饱尝了失去家园的痛苦和开创家园的艰辛，所以他们的族源历史也在服饰上得到了反映。傈僳人服饰的主要特征为裹头、短衣和长裙，清代《皇清职贡图》中有这样的记述：“……男人裹头，衣麻布，披毡衫，佩短刀……妇女短衣长裙，跣足……”傈僳支系花傈僳人头上的黑布包头，其上装饰有繁复的花纹和线条，并垂吊着串有珠子或饰物的数百根垂须，就像一个五彩缤纷的大花篮。有学者认为，包头与迁徙中部落、氏族之间的战争有关，当时人们头上裹缠很厚的布，既可防寒，也可在械斗中像头盔一样抵挡刀剑棍棒的袭击。傈僳族女性的短衣往往由多块花布镶拼而成，称为“百布衣”，也与战争

彝族女性的斗篷装源于战争
（胡小平　摄）

有关。据说在古代战争中，部族首领常用彩色布包着奖品奖励作战勇猛的战士，后来妇女们就把丈夫们得到的象征荣耀的彩布缝在衣服上，以炫耀其功绩，久而久之，就演变成用各色彩布缝制的百布衣。彝族至今喜欢穿的长袍和披风，是古代战袍演变而来的。彝族最早也是游牧部族，在迁徙途中曾不断与土著民族作战，《西南彝志》描述了先祖在迁徙途中作战的情景：“如猛虎追马，如豺狼抓猪，如老鹰扑鸡，横冲直撞。”直到中华人民共和国成立以前，彝族各部落、氏族间也依然是械斗不断，所以他们有用料讲究、做工复杂的械斗服装，如战袍、披风、掩膊和护腿等，这些作战服装的款式，至今仍被日常服装所借鉴。

据苗族文化学者杨鹃国的研究，在众多记载民族战争与迁徙的服饰图案中，最完整、最复杂、最形象的要数苗族的服饰。史载：苗族先祖属北方的九黎部落，由81个氏族组成，以蚩尤为君长，居黄河中下游，与黄帝部落势均力敌。后来黄帝和蚩尤交战，蚩尤战死，各

纳西族妇女的“披星戴月”服饰来源于史诗故事

部落开始分崩离析，其中部分向南逃离，在江淮、荆楚地区建立了三苗部落。后禹征三苗，使其向南迁徙，其中部分到达贵州、云南一带。这种战败南逃、失去家园的悲惨历史，给族人们留下了不可磨灭的记忆，他们不仅将这段历史代代讲述，还记录在了他们的服饰上。杨鹃国认为，苗族（红苗、黑苗、花苗）妇女裙裾上的线条，就分别代表了苗族迁徙所经过的河流和重要的山路，甚至能辨出哪条线代表黄河，哪条线代表长江，哪条线代表嘉陵江，哪条线是指向西南的山路。背牌上密集的回环式方形绣纹、水纹和棱形纹饰，则代表北方的故土，那里有田畦、阡陌；围腰上有形若刀枪、剑戟、弓弩的纹，被看作是先祖使用的兵器……如此等等，都是先民战争迁徙及生息发展的历史记录，正如苗族古歌中所唱："……衣衫上的花纹就是罗浪周底，围裙上的线条就是奔腾的江河；他们又想起曾经住过的房屋，他们又把这些景致做成披肩，把这些披肩拿给年轻的男子穿；他们又记起那些开垦出来的田地，他们又把那些景致绣在围裙上，把这些裙子拿给妇女穿……"

傈僳族服饰

用服饰图案反映战争和迁徙，不是后辈子孙刻意所为，而是先民在迁徙途中就开始使用的记录方法。这种情况在苗族古歌中多有反

彝族服饰（王寿林　摄）

映："我们天天奔跑日夜游荡，不知哪里才是落脚的地方；让我们摘下花朵插在姑娘的头上，让我们割下树胶染在阿嫂的衣上，让我们把涉过的江河画在阿妈的裙上，不要忘记这里是祖先栖居的地方……"当时妇女们用树脂在衣裙上匆匆绘下的故土景象和迁徙路线，是纪实的、单调的，有明确目的的。如迁徙路线，既是辛酸历史的映像，更是留给后代返回故里的路标。随着时间的推移，返回祖地已成为幻想，服饰图案的功利目的逐渐被象征意义和寻祖心理所取代，就成了一种文化符号，并在代代相传中融进了更多的道德伦理和审美情趣，其构图、疏密、虚实、明暗、空间布局、色彩强弱等发生了或多或少的变异，变得更加抽象了。

以战争和迁徙为内容的族源历史仅仅是服饰符号的一部分，更多的则是来自于创世史诗、神话故事和原始宗教的传统意识。这些传统意识往往表现为图腾崇拜、神灵崇拜和自然崇拜。

像其他地区的少数民族一样，栖居于横断山区众多民族的先民都有自己的创世之说、起源之说和生命之说。那些关于人祖诞生及繁衍历程的神话传说，虽异彩纷呈、各有不同，但都有这样一个共同的模式：人祖最初起源于某种动植物或某种物体，并在繁衍过程中与之发生着特殊的关系。这样，某种动植物或物体就被视为祖先和保护神而受到虔诚的崇拜。因为原始人面对庞大复杂的自然，不能解释其神秘莫测的各种现象，也不能解释自己的生死、病痛和梦寐，总以为冥冥中有不可捉摸的力量在主宰着世界，于是就产生了万物有灵的观念和自然崇拜现象。

被崇拜的对象很多，有天上的日月星辰、风云雷电，有空中的喜鹊、麻雀、鹰、燕子、白鹤、蜜蜂、蝴蝶等，有水中的鸭、鹅、鱼、虾、青蛙、贝壳等，有地上的牛、虎、狮、狗、鹿、羊、马、猴等，还有树木、花朵等各类植物。这些被崇拜的动植物或物体的形象不仅被供于祭坛、绘于肢体，也以彩绘、刺绣、蜡染等形式镶拼于服饰上，以示敬畏和感恩。如彝族，他们有人类先祖最初诞生于葫芦的说法，视葫芦为灵物，所以有的老人喜欢在胸前佩挂一个小葫芦。再如纳西族，他们的祖先认为人类的诞生与一只大母蛙有关，因而就喜欢穿戴一种蛙形的披肩。披肩上绣有七个星状圆盘，也是缘于他们的创世故事：很久以前，天上八日并出，晒得人死草焦，有一个身披水鸟彩羽的纳西少女勇敢地战胜了毒日，却牺牲了自己。为纪念这位少女，人们就把七个太阳的图像用彩线绣在了披肩上。在苗族的创世史诗和神话传说中，有这样的说法：枫树生了蝴蝶妈妈，蝴蝶妈妈又生了日月星辰、人类及一切动物，之后才有了兄妹合磨、赛马成亲、姜央射日月之类的故事。所以，枫叶就被视为生命之源、万物之母，许多彩绘刺绣、蜡染或编织的花纹，都源于枫叶的形象。

在各民族的创世神话中，各种动物与人朝夕相处，互为依存，于是就有了人虎通婚、人蛇婚配、人猴互为夫妻、家狗助人创世、神鸟助人逃难之类的传说。如白族支系勒墨人所穿的喜鹊服，就缘于喜鹊拯救先祖的故事。传说勒墨先祖是白族家庭中的三兄弟，因被诬为“放鬼的人”，只好背井离乡。中秋节时，三兄弟为祭祀亡故的父母而潜回故乡，并偷割头人的谷子蒸制祭祀食品，结果被头人关进牢里。夜里一只喜鹊飞进牢房，告诉了他们半夜逃跑的办法……果然半夜时暴雨倾盆，洪水猛涨，

羌族男子服饰

纳西族女子头饰象征太阳月亮

牢房大门被冲开，三兄弟按喜鹊所示，各自抱起一只早已等待在牢房外的公鸡向西走去。喜鹊告诉他们，公鸡在哪里鸣叫，就在哪里定居，结果三兄弟在喜鹊的帮助下渡过澜沧江，分别找到了理想的定居地。为感谢神鹊的大恩，勒墨人就把自己的衣服缝制成像喜鹊一样的式样：男子白色麻布衣的背部、胸前及两侧饰有黑色布条，袖口和下摆镶有黑色布条或绣有花纹，对比强烈，格外醒目；女子的衣服与男子大体相同，只是增添了一些色彩艳丽的花布条。若穿着这种服装在田间、山坡劳作，远远看去俨然是一只喜鹊。栖居于金沙江下游鹤庆县的彝族支系白依人，是个崇拜蜜蜂的群体。他们认为先祖到此栖居不是人为的选择，是蜜蜂引路领来的，是天意使然，所以就把衣服做成了“蜜蜂装”。这种服装形似旧时汉族男性的长布衫，但两侧开衩很高，前后长幅大摆，并有男白女绿之分，跳舞时前后两片衣襟飘荡飞扬，形若蜜蜂飞舞。每年三月中旬，白依人都要举行为期三天的“密息会”，届时人们穿上蜜蜂装欢歌弄舞，并要咏唱歌颂蜜蜂的古歌《苏里峨力鲁》：“翻过一道道山梁，越过一条条大河，打过了虎狼豹子，挺过了雷雨风暴，是蜜蜂在前面引领，我们才来到这个地方，是满山花香的诱惑，我们才来到这里落脚……”

在原始民族心目中，天地间是个遍布精灵的世界，天地有神，山河有灵，树木有怪，野兽有精，就是这些超自然的力量在主宰世界，影响着人的生老病死。而把这些有灵之物的形象移植到衣服上，就是为了让其保魂护体、震慑鬼邪、庇护生命，并监察人的行为。各氏族、部族崇拜的灵物并非只有一种，而是一个多样的系统。如苗族，他们的古歌中讲到了先祖与多种动物的关系：老虎和猴曾变成美女与人通婚，龙和狗曾助先祖杀敌；在先祖迁徙途中，牛曾帮助渡江，鸟曾帮助传递信息，狗曾帮助找来稻种。所以，这些动物都被苗族视为有灵的对象。

这些将奇异款式、纷繁图案和琳琅饰品融为一体的服饰，不仅具有遮风避雨、防御野兽、提示性别等实用的服饰共性，也是具有指示作用和象征意义的文化符号，或沉淀着神话传说和部族历史，或表达了图腾观念和自然崇拜。

服饰的传承也是一个发展变化的过程。各民族的服饰最初是比较简单的，后来各氏族、部族分布情况变得复杂，各地地理生态、自然环境不同，人们的语言习俗、宗教信仰、神话传说也在漫长的传承过程中发生了变化，同部族、各支系的服饰也呈现出异彩纷呈的局面。另一方面，随着时间的推移，人的神性意识和宗教意识逐渐弱化，审美意识逐渐增强，大自然中许多并非灵物的飞鸟、花卉等美好形象和劳动场景，也被融进服饰图案中，使服饰上的图案、花纹变得愈加复杂多样。如花傈僳人的女性服饰图案，就是由日月星辰、山川河流、飞禽走兽、树木花朵所组成的一个大自然的缩影，五彩缤纷，有着惊人的美。傈僳人有一首世代传唱的民歌这样唱颂他们的服饰：“把林木绣在头上，把飞鸟缝在肩上，让花朵长在胸前，让河流在腰上流淌……”

澜沧江畔访艺人

四月的澜沧江下游早已春意盎然，在暖洋洋的太阳下，江畔的木棉绽放出嫩红的花朵，如挺举的巨大火炬。但在上游滇、藏交会处的德钦县境内，江风依然刺肤，野草依然枯黄，仅在根部萌出几缕鹅黄色的嫩芽。

我们爬上江边一座山梁，那个藏族与傈僳族杂居的石麻寨便出现在眼前。这是个有二三十栋木楞房的小村寨，散落在山坳中，淹没于大山的褶皱里。我很难把这样一个荒凉的地方与文化联系起来，很难想象这么一个寨子会出现一位声名远播的说唱艺人。然而，痴迷于说唱《格萨尔王传》的藏族老人加措的确就住在这里。

在我的心目中，说唱《格萨尔王传》的艺人，素来都有一种神秘感。《格萨尔

藏族小屋

王传》是藏族文化的瑰宝，不仅广泛流行于藏区，在蒙古、尼泊尔、俄罗斯等国也有流传；不仅藏族人世代传唱，纳西族、白族、蒙古族、裕固族中也有传唱的艺人。这部史诗的篇幅堪称世界之最，没有人能完整地唱下来，因而也就没有完整的抄本。最早的抄本出现于14世纪，但也只是整个史诗的一部分，流传至今的《格萨尔王传》是历史传唱艺人耳闻心记口诵的结果。同行的纳西人老杨告诉我，《格萨尔王传》的藏文本总共有80余部，他在西藏曾见过可唱六七十部的传唱艺人，加措老人虽然只能唱十来部，但已是很不简单了。现在他年事已高，轻易不唱了，但如果他今天心情好，我们就请他唱一段。

说唱艺人（陈锦　摄）

说唱艺人（多吉彭措　摄）

加措老人在他家的火塘边接待了我们。这是个70多岁的老人，衣衫褛褴，披散的长发结满灰垢，就像几缕黑色的毡片。但加措老人精神依然矍铄，在给我们让座、煮茶时，动作显得十分灵活。老杨因与他有过一面之交，就同他很自然地攀谈起来。老人心情很不错，同我们聊了很多。当说到那些目不识丁却能凭记忆唱出数万行诗句的说唱艺人时，他告诉我们，那些大师们是靠神的点化才有了非凡记忆力。起初他们也不会唱，直到某一天做一个奇怪的梦，醒后自然就会唱了，这就叫神授艺人。还有一种叫圆光艺人，长着一双与众不同的眼睛，能从一面铜镜中看到《格萨尔王传》的全部诗句和各种图像，可以照着镜子说唱或抄写。老人说，他自己只是年轻时在拉萨跟人学唱过，只能唱十来部，不能跟那些大师们相比。

火塘（王寿林　摄）

加措老人说话实在谦虚，这让我们对他产生了敬意，与他之间的距离似乎也拉近了许多，老杨便趁机提出请老人唱《格萨尔王传》的请求。老人爽快地答应了，说：“你们从丽江来，我就唱一段与丽江有关的吧。”于是他挪动身子，盘腿而坐，双目微闭，开始了歌唱：“噢拉哟——”声音洪亮、幽古、绵长，令人想起蜿蜒流向远方的大河。但他唱的藏语我一句也听不懂。直到他唱完一个段落后，老杨才告诉我，老人唱的是《姜岭大战》的片段。这是用神话手法描写的姜国与岭国围绕盐海发生的一场争夺战。末了，他为我翻译了其中一段：

迪庆以木片为瓦的闪片房

在花花岭国之南的姜城，
是世人赞美的穆布姜。
那里天空明净湛蓝，
那里环绕着起伏的山岗，
广阔的坝子前面耸立着玉龙雪山，
那是个仙境般的地方。
牛羊马匹遍布草原，
金银珠玉满库满仓，
英雄俊男层出不穷，
无数美女如鲜花绽放……

哲人也有孤陋寡闻的时候，黑格尔就曾断言中国没有史诗。而《格萨尔王传》就是一部可称为世界奇迹的史诗，是世界上最长的一部史诗，比世界上最著名的五大史诗的总和还长。更令人惊讶的是，这部史诗是靠说唱艺人口头传唱而世代流传的，而说唱艺人们往往目不识丁，靠的是口传耳听心记。生理学家认为，人的大脑可记忆上万行诗句，而《格萨尔王传》的说唱艺人们是如何记下数万至数十万行诗句的呢？如果说他们的说唱是根据故事情节进行的即兴创作，那么他们驾驭情节、遣词造句的功夫就更叫人惊叹了！

告别了加措老人后，我们一路都在谈论着关于《格萨尔王传》

的话题。我始终被史诗为何能有如此篇幅、艺人为何能有如此技艺这两个谜团困扰着。老杨说，《格萨尔王传》已成功入选世界非物质文化遗产名录，参与研究的专家学者已经很多，相信总有一天会解开这个谜。

黑格尔就曾断言中国没有史诗。而《格萨尔王传》就是一部可称为世界奇迹的史诗，是世界上最长的一部史诗。

TIPS

《格萨尔王传》被公认为是目前世界上最长的史诗。近几年最新资料显示：这部史诗约有700余部，比世界上最著名的五大史诗（古巴比伦史诗《吉尔伽美什》、希腊史诗《伊利亚特》《奥德修斯》、印度史诗《罗摩衍那》《摩诃婆罗多》）的总数还要长。旧时说唱史诗的艺人大多不识字，他们是如何记忆史诗的浩繁内容的，至今仍然是一个谜。

澜沧江峡谷（张北星　摄）

古老的
怒族摹拟舞蹈

曾经看过怒族的几种带有原始古风的摹拟舞蹈，颇感新奇和震撼。后来，偶然读到段伶所著的《怒族》一书，才知道我所了解的怒族舞蹈不过是沧海一粟。

怒族，特别是怒苏支系，是生活在舞蹈海洋里的民族，男女老少都爱跳舞，都精通舞蹈、理解舞蹈，个个都是传统舞蹈的继承人和传播者。只要在合适的场合，他们就会三五成簇、七八成群地舞起来，跳完一曲又一曲，不知何时方休，用段伶的话说，他们跳起舞来不知有天黑天亮，音乐连着黑夜，舞步接着白天。

怒族舞蹈是与乐器伴奏结合为一体的。跳舞时没有唱词，但有固定的曲谱，边跳舞边弹奏（吹奏），以旋律和舞蹈动作传情达意。这是一种集

怒族织毯（张北星　摄）

体舞，舞时小孩老人也有参加，但主力军依然是青年男女。曲谱有主旋律和和弦，伴奏乐器主要有琵琶、口弦、四弦琴等。由于双手要演奏乐器，舞蹈动作就主要靠身段和腿脚的功夫，如腿脚的前伸、后退、搓步、掂步、踏步、跳动、踢跃和身体的前俯、后仰、旋转、摆动等，动作千变万化，表达出各种复杂的形象。

令人惊讶的是，怒苏支系这种被称为摹拟舞的舞蹈，其内容、种类和题材十分广泛，这些内容丰富的舞蹈简直就是怒族社会生活、生存状态和生栖环境的全景展示，内容涉及战争、械斗、迁徙、播种、收获、过节、祭祀、婚嫁、请客、耕作、修房造屋、手工制作、养殖、生育、鬼神、飞禽走兽、民俗风情等。仅表现农业生产的，就有几十种，如挖地舞、播种舞、插秧舞、种树舞、割漆舞、掰玉米舞、割小麦舞、洗麻舞、出工舞、打核桃舞等；表现打猎的有十多种；表现婚丧嫁娶的有三十多种；表现动

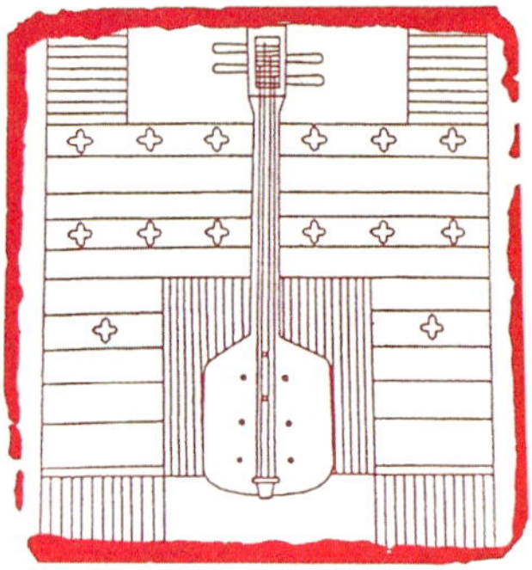

怒族手工编织的挎包上的图案，正中是怒族乐器“达比亚”。这个图案已成为怒族的图腾，象征乐观、幸福（段伶　绘）

物的有一二十种，如鸡扒食舞、鸡喝水舞、母鸡下蛋舞、乌鸦舞、斑鸠舞、江边阳雀舞、猴子打架舞、斗羊舞等。还有一听到舞名就叫人感到新奇的舞蹈，如生育舞、骂架舞、孤儿哭坟舞、找情人舞、逃婚舞、逗趣舞、扫地舞等。而这些仅是怒苏支系舞蹈中的一少部分。他们究竟有多少种舞蹈，是很难统计清楚的。可以说，怒族人所见所闻、所遇所感无不成为编舞的题材。

怒族舞蹈把动物习性、动态、声音摹拟得惟妙惟肖，带给人诙谐有趣、天真活泼的艺术享受……还有不少源于古代传承，反映了怒族人远古生活的场景，由此被称为古代舞蹈的“活化石”。

怒族舞蹈是怒族人民日常生活方方面面的写照，这种舞蹈生活气息浓郁，舞蹈语汇丰富，弥漫着原始古朴的气息，反映了怒族人勤劳勇敢、不惧辛劳、乐观向上、向往自由的精神和品格，展现了狩猎的勇敢、劳动的欢乐、丰收的喜悦、迁徙的艰辛、生活的愉快、婚姻的幸福、环境的美好、乡邻的友善、民俗的古朴、动物的可爱等。这些被称为摹拟舞的舞蹈，从人们日常的生产生活状态和动物的动作习性中提取动作和声音创作而成，有日常生活的影子，又有艺术的加工和提炼。如《古战舞》，是根据战斗中张弩、射箭、挡盾、冲刺、躲避的动作和声音进行动作提炼和旋律化加工，构成了它的舞姿和乐曲。再如《迎亲舞》，把迎亲过程中双方主要人物最具特征的步态、动作、表情等经过提炼、加工、编排，再配以欢乐的音乐，就成了表现迎亲的舞蹈。值得一提的是，怒族舞蹈把动物习性、动态、声音摹拟得惟妙惟肖，带给人诙谐有趣、天真活泼的艺术享受，这也是极为罕见的。怒族舞蹈还有不少源于古代传承，反映了怒族人远古生活的场景，由此被称为古代舞蹈的“活化石”。

怒族栖居的怒江峡谷和澜沧江流域部分区域山高谷狭，气候变化多端，交通极为不便，物资极为贫乏，千百年来，怒族人一直在与险恶的环境抗争，但他们的生活却充满信念和诗意。他们人人好舞，个个都是音乐高手和舞蹈能人，乐舞伴随他们一生，是他们生活的一部分。可以说，他们创造了人类社会的生存奇迹。

怒江峡谷

怒江溜索（张北星　摄）

鲜花节 每年农历三月十五日，怒江两岸杜鹃花盛开时，怒族人要欢庆传统的鲜花节。这个节日起源于一个传说：有个叫阿茸的女子最先用荆竹编制绳索，架起了过河的溜索，人们称她为仙女。一个奴隶主知道后，带上金银向阿茸求婚，阿茸拒绝了；奴隶主又去抢亲，阿茸便躲进了山洞；奴隶主又放火烧山，阿茸就被烧死了。这一天正好是农历三月十五日。为纪念阿茸，怒族人便把这一天称为仙女节；又因为这一天杜鹃花开得最盛，仙女节又被称为鲜花节。每年鲜花节这天，四面八方的乡邻便会聚集在一起，举行丰富的文娱活动。

山母节 也是在每年农历三月十五日。这一天，众人要在族长的率领下朝拜山母神。山母神一般被供奉在一个山洞，众人要将打到的猎物和捕到的鱼及三包玉米摆在洞口，有时还摆放酒肉、菜食。主祭人在洞口念完祭词后，众人便向山母神磕头。离开之前要喝点山洞里的滴水，并接一点带回家掺到酒里，全家都要喝一点酒，以示得到山母神的恩惠。回家的路上还要采点杜鹃花。回到族长家后，众人会围着火塘载歌载舞。山母节是各家轮流主办的，由主办的一家加工、张罗酒菜。主家还要杀一头猪用作招待。等到下一年的山母节，又轮到另一家主办。山母节所唱的歌均为即兴编唱，内容为盼山母神赐福，盼五谷丰登、六畜兴旺等。近些年来，山母节与鲜花节已逐渐融为一体。

怒江石板房

石刻之乡 莫斯卡

丹巴县丹东乡的莫斯卡村，是众多专家学者和旅游者心驰神往的地方。在那里，格萨尔史诗文化在每一寸土地上蔓延、渗透，在僧俗两界的精神生活和社会生活中烙下了深深的印痕；在那里，人们说唱格萨尔史诗，讲述格萨尔故事，演出格萨尔藏戏，并以石刻的形式将格萨尔故事和人物形象刻凿于石头上，成为藏区罕见的景观。

莫斯卡位于丹巴县北部，距县城100多千米，是一个偏僻而遥远的牧区，交通极为不便，十几年前还是一个“养在深闺人未识”的地方。它被外界认知并一举闻名遐迩，首先要归功于西南民族大学杨嘉

格萨尔石刻像

格萨尔石刻像

铭教授对它的发现和传播。2003年前后，杨教授在县旅游局和丹巴乡领导以及金龙寺日穹活佛的支持下，两次到莫斯卡进行考察，并以文字和图像的形式，将那里的奇观公之于世。

莫斯卡是一处奇特的牧区。一奇是袖珍城堡：牧民居住点与寺庙在同一围墙内，僧俗融为一体，城内民居一楼一底相互连接，屋面覆以石板，整个城堡布局如坛城，藏语称之为“金科”。这里的牧民夏日外出放牧，冬季则集中定点学习藏文。二奇是旱獭乞食：这里的旱獭不惧人，还会来到人前直立后腿向人乞食，形象极为可爱，这种动物与人的亲近是牧民们长期珍爱动物的结果。三奇是盘羊成群：数百只盘羊成群结队在草甸、砾石间出没，悠然自得。自从杨教授考察了格萨尔史诗石刻并将其公之于世后，这里就有了“石刻之乡”的美名，石刻就成了莫斯卡牧区最令人震撼的奇观。

莫斯卡是格萨尔史诗文化遍地开花的地方，在这里，几百年来，格萨尔史诗家喻户晓，讲格萨尔故事、演格萨尔藏戏、说唱格萨尔史诗、跳格萨尔锅庄、供奉格萨尔画像，已成为人们日常生活的主要内容。几十年前，这里的牧业村还成立了有数十名演员的格萨尔藏戏团，剧团演出频繁，并储备了由格萨尔史诗改编的《志美更登》《卓瓦桑姆》《取阿里金库》《赛马登位》《赤松德赞》等多个剧目。

悠久的格萨尔文化传承和浓郁的格萨尔文化氛围，催生出另一种对格萨尔的崇拜模式——石刻艺术。莫斯卡牧民们集体投劳投工，将格萨尔史诗中的人物形象雕刻在板岩上，并用于寺庙、经堂和神山供奉。200多年来，他们总计雕刻了多少幅石刻，没有精准的统计，但目前所见到的近千幅石刻，幅幅都是精美的艺术品。2003年杨教授两次实地考察的6个点，就有近600幅。在城堡里，有个“格萨尔喇空”，经堂正中安放的石刻像就有109幅，石板形状各异，大小不等，石板上刻有格萨尔骑马奔驰的形象，其他石刻则是众多岭国英雄人物和著名将领的形象。在金龙寺大殿的顶部，也有早年放置在那里的众多岭国人物的石刻，据说是200多年前金龙寺初建时创建人青则益西多吉主持雕刻的，所刻的人物主要有格萨尔、格萨尔生母萨拉姆、格萨尔爱妃珠牡、岭国三十员大将等。当时三十员大将石刻被放置在一楼大殿内当作保护神，后有部分损坏。寺内还有1997年补刻的着彩石刻47幅。莫斯卡的各冲沟是该村的一个放牧点，那里有高山湖泊，是盘羊成群出没的地方，牧民们每年要在那里举行祭山水、祭格萨尔活动。那里有一座高大的石台，被牧民称为“格萨尔坐台”，祭祀时要在台前煨桑、诵经。据说那里早年是有格萨尔石刻像的，但现已不存。该村的边耳牧场有个叫卡斯甲都的定居点，那里有一座四方形的石塔，牧民们称之为“格萨尔塔”，塔身的四个面上镶嵌着刻有格萨尔及岭国人物、征战将领、高僧大德形象的浮雕石板，共有82幅。在莫斯卡村吉尼沟的青麦格真神山半山腰一座巨大的岩崖下，搭建有一个半封闭的简易石屋，里面有石刻80余幅，分四层安放；曲登沟的巴札格热神山有石刻约120幅，甲拉沟的甲拉勒神山有石刻约60幅。此外，牧民家中也有零星的格萨尔石刻供奉。还有少量石刻与普通岩板混在一起，成为盖房的材料。

这些石刻有着史诗人物谱系的系统性。史诗中岭国人物众多复杂，每一处石刻，少则40幅，多则上百幅，基本上包括了岭国文臣武将的主要人物，再现了岭国英雄人物形象，整体上体现了格萨尔史诗的精神和内容。

莫斯卡格萨尔史诗石刻所选的石材均为不规则的岩板，其形状各异，艺人们雕刻时依据石板形状构图，互不雷同，每幅石刻的内容布局、人物姿态都与石板形状相吻合，显示出艺人们在构图上的高超技艺。这些石刻主要采用了藏族石刻的传统线刻和浅浮雕技法，其中线刻技法尤为精到，以线造型，以线表意，以线传达绘画语言，以线表达意愿和情感，粗细、轻重、顿挫、抑扬、张弛、刚柔等把握有度，造型生动，表达准确。如人物面部，简单的线条就能勾勒出愤怒、慈祥、刚烈等各种表情和性格。再如战马，简单几条线就能刻画出多种姿态。数十个人物、数十匹战马，个个有个性、个个有动感，呈现出栩栩如生的群像，这是极不容易的，足见其艺人功力之深厚。石刻中还大量运用浮雕技巧，很好地凸显了石刻的立体感。较晚期的石刻还都辅以彩绘。这些彩绘是将刻好的作品按美术绘画要求进行设计和着色，达到了色与形的和谐统一。在一块不规整的岩板上，刻出与其形状相协调的图案，再以色彩为补充，达到了石板造型、雕刻内容和彩绘三者的和谐统一，形成了强烈的艺术效果。

莫斯卡为什么会形成浓郁的格萨尔史诗文化氛围？为什么会产生堪称奇观的格萨尔史诗石刻？杨嘉铭教授认为有两个原因：一是其

地金龙寺属宁玛派寺庙，宁玛派对格萨尔文化较之其他教派更为推崇，当地牧民普遍信仰的也是宁玛教派。二是莫斯卡牧民历史上不是一个完整的部落，他们都是从不同部落迁徙而来，首先迁来的占人口中大多数的是达绒部落，这个部落在史诗中是晁通统领的岭国部落支系，他们自然对反映岭国的史诗怀有特殊的感情。除达绒部落外，陆续迁徙来的，还有壤塘的卓浦部落、炉霍的各色部落、塔公的卡娘部落、白玉的直西部落，这些部落原先的栖息地都是格萨尔文化走廊的核心地带，他们迁徙而来，自然也带来了格萨尔史诗的文化传统。由于以上两个原因，莫斯卡就成了格萨尔文化生根、发芽、开花、结果的地方，成了诞生格萨尔石刻奇观的地方。

格萨尔石刻像

TIPS

丹巴县丹东乡莫斯卡村是位于丹巴县金龙大雪山旁的高原牧场，海拔3900米，距丹巴县城100多千米。四周雪山环围，境内森林、草地、湖泊、溪流相互衬托，景色异常美丽。莫斯卡不仅有大量格萨尔石刻引人争相目睹，还有奇异的藏寨和寺庙、有趣的动物、高水平的格萨尔藏戏，都是值得一观的胜景。

草原深处石头城

松格玛尼石头城，最初是岭国将士为超度亡灵而垒起的玛尼堆，后来由于人们对格萨尔等岭国英雄的崇拜，世代不断添加石块，使之成为一座城。此胜迹位于扎溪卡草原深处，距石渠县城90千米（李宏　摄）

扎溪卡草原位于青藏高原东南缘的巴颜喀拉山南端，面积2万多平方千米，其内江河横流，湖泊棋布，是四川与青海接壤处最大的湿地草原，也是多种珍稀动物生息繁衍的乐园。扎溪卡草原一望无际，风光旖旎，每到夏秋，天空澄澈，白云悠悠，碧绿的草地向天际绵延铺展，草地上牛羊成群，帐篷顶顶，溪流如织，各色鲜花竞相绽放，流光溢彩，俨然一幅人间仙境的模样。

这里属于四川省甘孜州的石渠县。千百年来，古藏族六大分支

巴格玛尼墙长数里，由玛尼石堆砌，石块上或刻有六字真言，或刻有神佛像，或刻有灵异物、吉祥物（多吉彭措　摄）

之一的“董”氏族就是在这片土地上度过了漫长的游牧岁月。这些“董”氏族的后裔们崇拜太阳，崇拜草原，创造了关于太阳、草原和人的种种故事，创造了独具扎溪卡特色的服饰文化、歌舞文化、佛教文化和格萨尔文化。在这里，经幡遍布、寺庙林立，藏传佛教是全民的信仰。境内有萨迦、宁玛、格鲁、噶举四大教派寺庙46座，这些寺庙拥有丰富的佛教文化和世俗文化典籍，培养出了一批批名贯藏区的高僧和学者。这里更是格萨尔文化的摇篮，格萨尔精神深深地根植于这片土地，根植于人们的心中。藏族民众以格萨尔为民族的骄傲、文化的源泉和精神的支柱，说格萨尔、唱格萨尔、写格萨尔、演格萨尔、画格萨尔，已成为人们日常活动的主要内容。

格萨尔是康巴藏族的民族英雄。他爱憎分明，英勇强悍，一生南征北战，统一了康北各个小部落，成为康北藏族人民爱戴的英雄。在岭国征战期间，地处川、青、藏三地交界处的扎溪卡草原是重要的战场之一，格萨尔三十员大将中最出色的贾察夏呷和察向丹玛乡查两员大将就曾长期驻守于扎溪卡草原，史诗《格萨尔王传》记述的霍岭大战就发生在这里。至今，草原各处还存留有不少岭国人物的遗迹，如贾察大将的石雕像、城堡遗址、丹玛宗遗址等，有关岭国和格萨尔的传说和故事，就更是多得说不完、听不尽。

当然，最能体现太阳部落对格萨尔崇拜的，还是那座奇特的建筑——松格玛尼。这是一座石头城，是一座信仰之城，位于县城以东90千米的草原深处。石头城由片石垒砌，十余米高，百米见方，整齐有序，远远看去像一座古城堡。墙体内没有居室般的空间，只有几条通道，将石城分割为几部分。据说这座石城最初只是一个玛尼石堆，是格萨尔的将士们为超度疆场亡灵而堆垒的，后来在漫长的岁月里，藏族人民因崇拜阵亡的英雄，崇拜格萨尔，便从四面八方赶到这里来朝

石刻

千百年来，生活在这片辽阔草原上的太阳部落，正是因为他们忠贞不渝地信仰格萨尔的英雄主义精神，才有了博大的胸怀、强悍的性格、豪迈的激情，才创造出了绚烂多彩的扎溪卡草原文化。

巴格玛尼石经墙

拜，并不断为玛尼石堆添加石块，致使玛尼石堆越垒越高，成了一座巍峨壮观的城堡。直到今天，太阳部落的子民们依然视此为神圣之地，他们年复一年地来这里朝拜英雄，纪念格萨尔，在这里寄托他们的心愿，祈祷人间吉祥安康。

令人惊讶的是，这座信仰之城是由一千多万块片石垒砌而成的，且每块片石上都刻有佛教的经文。片石的平面大都已砌进高大的墙体，那些石刻经文也同时被封存。石墙上偶尔也有些平面向外的石板，上面分别刻有格萨尔及其大将们的形象，造型生动，线条优美，并着有颜色。这座石城的垒砌，是数十代人为了一种信仰而相继不辍的见证。仰望这座石头城，品读这座石头城，想象这座石头城，人们无不为太阳部落信仰的坚定和持久而震撼。一种信仰能千百年地延续下来是不可思议的，而为了这种信仰在千万块石板上凿刻经文并将其垒砌为城就更是奇迹了。

石头城——松格玛尼，它是凝固的历史，静默无语地屹立在扎溪卡草原的深处，它是格萨尔精神的象征，高高地耸立在藏族人民的心中。千百年来，生活在这片辽阔草原上的太阳部落，正是因为他们忠贞不渝地信仰格萨尔的英雄主义精神，才有了博大的胸怀、强悍的性格、豪迈的激情，才创造出了绚烂多彩的扎溪卡草原文化。

德格锅庄舞

激情宣泄天地间

康巴藏族，是一个剽悍、豪爽而充满激情的群体，他们自原始部落时起，就形成了敢爱敢恨、豪迈奔放的性格，习惯用肢体和言语表达自己的感受，喜好面对雪山草地宣泄自己的激情。这种表达和宣泄，就是歌与舞的起源。经过漫长岁月的演变，原始的歌与舞就逐步有了相对固定的表现形式和规范。由于康巴藏族栖居地域十分广阔，且有江河的切割和大山的阻挡，所以传承至今的歌舞就呈现出种类繁多、异彩纷呈的特点。在名目众多的歌舞中，流行最广、最普及的主要有三种：锅庄、热巴、弦子。

锅庄舞是一种无伴奏集体舞，藏语称“擦拉”或“嘎卓”，意为欢乐之舞。这种舞蹈具有广泛的群众性，人人都会跳，凡节日节庆、乔迁新居、嫁女娶妻，男女老少都可相聚一起通宵达旦地跳。锅庄舞跳法大体上可分为两种类型：一种为“郭卓”，意为走步舞，从左起步走圆圈，由慢而快，舞姿明快简洁，可吸纳众多男女参加，其场面宏大壮观；另一种为“枯卓”，是一种旋步舞，舞姿多变，可快可慢，多为青年人喜爱。跳锅庄舞时男女相向，或成排、或围圈，长袖翻飞，黑靴顿地，彩锦马甲扭动，白色长裙如波浪起伏。时而舞成一团，时而散开旋转，时而快步腾挪，时而衣袖挥舞，有雄鹰翱翔之潇洒，有骏马驰骋之奔放。锅庄舞唱时不舞，舞时不唱，具有沉稳刚劲的特点，最能营造庄严的气氛。各地锅庄舞千姿百态，跳法不一，而最独特的是香格里拉德钦县奔子栏一带的“大锅庄”，具有弯腰俯首、搂肩搭背的特点，在整个藏区独一无二。大型舞蹈史诗《东方红》中《开国大典》一章的藏族锅庄舞，就源自奔子栏一带的锅庄舞。

热巴舞是旧时民间艺人以家庭为单位、常年流浪时演出的一种歌舞。演出时女演员头戴莲冠，身穿绸缎上衣和刺绣坎肩，腰系白褶彩裙，头戴狐皮帽，足蹬长靴，手持扁形手鼓边舞边击；男演员手持铃铛，随音乐起舞，时而绕圈走动，时而旋转跳跃。热巴舞是融舞

巴塘热巴舞

蹈、歌唱、朗诵和音乐伴奏为一体的综合艺术，有舞有鼓，有鼓有唱，有唱有诵。击鼓时手鼓高举头顶，手臂张开挥舞，有大海捞月之势，有从天而降之态，鼓点激越狂放，充满野性的力量。男女舞者腰肢扭动，腾跃旋转，动作复杂，舞姿夸张，用热巴艺人的话来说：舞姿要像刀刃上赛马、刀尖上旋转，膝盖要像风转的轴，脚背要像风扇的片。旧时的热巴艺术带有宗教色彩，以歌颂诸神为内容，以求神保佑村寨平安、庄稼丰收、畜禽兴旺为目的。中华人民共和国成立后，热巴艺术经过推陈出新，融进了反映现实生活的新内容，但原有的程式未变，从序歌到尾声共有20多场，有时也可精简，但不能少于9场。迪庆的热巴艺术远近闻名，20世纪50年代就曾到北京、莫斯科进行过演出。

弦子舞也是一种集歌、舞、乐为一体的综合艺术，藏语称“嘎

德格女子锅庄舞（多吉彭措　摄）

谐”，其特点是：男子手持弦子（胡琴）边拉边舞，带头歌唱，女子随声应合，长袖舞动。男女牵手搭肩踏歌而行，且舞且歌，时而绕圈，时而散开，并加以左右旋转的动作，由弱到强，先轻歌曼舞，继而激烈昂扬，令舞者情绪亢奋，令观者心潮激荡。结束前必有一段高潮，音乐昂扬，舞姿热烈。弦子舞没有锅庄舞那样粗犷庄重，适合表现各种生活内容，舞姿舒畅优雅，曲调欢快明丽，唱词多为即兴创作，常以太阳、月亮、鲜花、草原等人们熟悉的美好形象来表情达意。弦子具有广泛的群众性，劳动之余、时令佳节、婚丧嫁娶、祝寿贺岁时都可随时演唱，表演时不拘人数、不拘场地，院落、村头、草地、广场等随处都可演出。若遇民族节日盛会，成百上千人同舞共唱，呈现出与天地同乐的壮观情景：舞动的身影如波涛一浪高过一浪，高亢的藏歌在天地间久久回

炉霍锅庄舞（多吉彭措　摄）

人们身着盛装，会聚于草原或湖畔，在举行过特定的宗教仪式后，就会掀起歌舞的高潮。人们会不由自主地融入起舞的人群，不由自主地放声高歌，节日盛会就变成了歌与舞的海洋。

弦子舞

弦子舞（多吉彭措　摄）

荡。康巴藏区各地的弦子风格不一，独有四川巴塘的弦子最为知名，早在20世纪50年代就曾参加全国调演，并到国外演出。根据巴塘弦子部分词曲改编的歌曲曾在全国流行，如电影《柯山红日》主题音乐、歌曲《毛主席的光辉》等，都取材于巴塘弦子。

有舞就有歌，这是藏族歌舞的特点。歌的曲调是固定的，但词的内容则相对不断变化、不断出新、不断丰富。词的内容有两种类型，一种是内容古旧、主题宏大的传统唱词，为前辈传承下来的经典之作，多为歌颂祖先神灵、王侯将相、传奇英雄、寺庙佛法、丰收年景等。如《福泽降临》的歌词就曾数百年不变："福泽降临的大地，犹如莲花铺就的地毯；福泽降临的村落，犹如天宫般美丽幸福；福泽降临的房舍，犹如四面八角的神殿……"另一种为反映现实生活的作品，自由灵活，内容新颖，以歌颂劳动丰收、自然美景、幸福生活、男女之情为主，明亮的月光、雄伟的雪山、肥壮的牛羊、碧绿的草原、美丽的姑娘，都是歌词创作的题材。这类歌词有的是继承前人，有的是即兴创作，有形象生动、明白易懂、言简意赅的特点，如："汉人是茶叶，藏人是酥油，茶叶酥油融在一起，酥油茶美味可口。汉藏团结一起，血脉相通是甥舅。"

康巴藏族的歌舞源远流长，最早起源于先民的原始舞蹈，如锅庄舞和弦子舞，就源于家庭、家族或部落在庆典或祭祀时跳演的一种原始舞。在古代，生活于横断山区的各部族都有敬畏自然、信仰祖先、迷信鬼神、喜好祭祀的特点。如战国时期生活于金沙江峡谷和雅砻江流域的白狼部族，在集体祭祀时，众人分立两排，相互牵手搭肩、弯腰垂首，边唱歌边围着火塘跳舞。这种祭祀舞无伴奏，一唱一应，唱完一段后回绕一圈再继续唱。在今天的锅庄和弦子舞里，依然可以看到这种祭祀舞的影子。而热巴舞也肯定是在原始舞蹈的基础上演变发展而来的，但趋于定型并盛行，则是在15世纪。相传公元11世纪时藏传佛教噶举派第二代祖师米拉日巴曾云游四方，以歌舞的形式广布佛法，教化民众，树立了从人到神的典范。他的500多首道歌和舞蹈，曾被15世纪的高僧桑结坚赞收集整理而得以传至后世。信徒们周游四方，以演唱米拉日巴的歌舞来宣传佛教教义，逐步形成了一种以家庭成员或亲戚为演出班子成员、以流浪演出为生计的艺人群体，这个群体就叫作“热巴”，被称为“高原吉普赛人”。

康藏歌舞是一种广场艺术，最适合在旷野里聚众演出。在云南迪庆，藏历年、春节和五月端阳，都是藏族民众欢聚草原高歌狂舞的时节。特别是五月端阳节，草长花开，阳光明媚，数万人聚集于五凤山下的草原上举行赛马活动和歌舞盛会，其情景动人心魄。在四川甘孜州，康定的“四月八转山会”、九龙的“游海节”、巴塘的“央勒节”、理塘的“祝毕日戈节”、炉霍的“望果节”、色达的“金马节”、甘孜的“迎秋节”等这些特定的节日，都是藏族民众歌舞狂欢的节日。届时人们身着盛装，会聚于草原或湖畔，在举行过特定的宗教仪式后，就会掀起歌舞的高潮。人们会不由自主地融入起舞的人群，不由自主地放声高歌，节日盛会就变成了歌与舞的海洋。

与雪山草地、蓝天白云为伴的康巴人有着坚毅而乐观的性格，他们对生活充满信心，经常以节庆的方式来展现生命的激情。康巴人的节庆有很多种，最主要的有下列几种：

藏历年 康巴藏族最重要的节日。每逢藏历年除夕，各家要围坐在一起吃团圆饭；新年来临之际，家家户户要抢先去背水，以求来年吉祥安康。新年初一各家在家煨桑烟祭、拜佛供神，之后全家到当地神山祭拜。初二开始就可走亲串友，开展各种文体娱乐活动。丹巴县的嘉绒藏族过嘉绒年，时间为农历十一月底，与其他地区藏族不同。

康定转山会 为农历四月初八。每到这天，康定汉藏群众载歌载舞，庆祝佛祖的诞辰。各佛寺都组织仪仗队到跑马山转山，之后下山转金刚寺和南天寺。群众则会聚在山上开展各种文体娱乐活动。

九龙“游海节” 是九龙县最大的节日，在年节期间进行。九龙县3600米高山上的森林中有个明镜般的湖泊，人们称之为伍须海。相传绿衣天使从天宫下凡与藏族青年东热吉布相爱后便生活在这海边。一天东热吉布远出，海中恶龙作乱，绿衣天使敌不过，只好飞回天宫。东热吉布回来后战胜了恶龙，并一直站海边等待绿衣天使，等得久了，就变成了一座雪山。这时恶龙又开始兴风作浪，周边的居民因此也染上了怪病，绿衣天使便带着12位仙女下凡战胜了恶龙，拯救了湖畔的人民，并变成了十二仙女峰。为纪念东热吉布和12位仙女，九龙藏族同胞每年新年都要带上食品来到伍须海祭海。

巴塘“央勒节” 是藏历年和春节之外的又一个隆重的民间节日，于藏历八月中旬在龙王塘举行，届时全城人扶老携幼，身着盛装会聚于草坝上，或唱弦子、或看藏戏，欢庆时间往往持续一周左右。央勒节来源于宗教节日。佛教认为夏季雨期是自然界虫类生长繁衍的季节，为了严守佛教不杀生的戒律，佛经中明确规定，比丘、沙弥僧众雨期三个月只能在寺庙勤求闻修，足不出户，以免伤及小虫。这样，寺庙里就有了迎夏节和送夏节。八月十五日前后的送夏节就是“央勒节”，并由寺庙发展到民间，形成了既有宗教内容，又有民族文化娱乐形式的“央勒节”。

理塘“祝毕日戈节” 理塘民间的传统节日，每年六月在毛垭大草原举行。届时牧民们纷纷在自己的火枪上饰以各色经幡，挂上缎制烟袋，从四面八方会聚到一起，参加活佛僧人举行的盛大烟祭神山仪式。之后奔往脱洛拉卡山顶，插上随身带来的经幡，高声唱颂祝愿之辞。然后返回草原举行赛马、射箭及歌舞活动。

炉霍“望果节” 炉霍县的传统节日。这是个庆祝金秋丰收的节日，源于吐蕃时期，带有浓厚的宗教色彩，后逐步发展到民间。如今的望果节没有固定的日期，各地一般选择秋收后的吉日举行。每到这个节日，人们都要举着佛像，念诵经文，绕着田间地头巡游。祈祷仪式结束后，还要开展赛马、射箭、歌舞表演之类的文化活动，一般持续1～3天。

色达“金马节” 为藏历五月初四。每到这天，牧民们在各色布上印上象征运气的经文，做成经旗，旗上装饰有象征流云、雷电、大地和天空的各色布条，男人们在自己的火枪上饰以经幡，挂上缎制烟袋，骑马从四面八方会聚到一起。结束后男人们骑马奔赴神山山顶，争相插上自己所带来的经幡，高声齐颂吉祥祝词。之后返回烟祭台绕转三圈，在烟祭地搭起帐篷，举行持续几天的文化活动。

甘孜“迎秋节” 每年八月择期举行，节期七天。届时村寨全体扶老携幼，或到温泉沐浴，或在溪里嬉戏，或于河中游泳，以消除一年的风尘劳累，久而久之形成惯例，人们就称此为沐浴节。夏末秋初，又是秋收前的农闲季节，甘孜寺按照宗教仪规要举行法会，祭祀神山神灵，祈求丰收太平，就是丰收节。后来人们把沐浴节和丰收节合二为一，变成了固定的迎秋节。

生命在歌唱中翔舞

千百年来，怒江子民一直生存于险恶的环境中，但他们没有哀怨，自始至终都在用歌声滋润生活，用旋律装饰岁月，从而使生命变得欢乐而美丽。他们的一生，是歌唱的一生，唱天地、唱祖先、唱生命、唱劳动、唱生活；祭祀时唱、婚庆时唱、打猎时唱、播种时唱、收割时唱；火塘边唱、集会上唱、山林里唱、地头边唱……歌声表达了他们的喜怒哀乐，表达了他们对天地人神的理解和敬畏。

怒江地区各民族的民歌浩如烟海，从内容上看主要有这样几

彝族歌舞（王寿林　摄）

纳西歌舞

类：古歌，祭祀神灵或祖先时唱的歌，为先辈所传，篇幅有长有短；生活劳动歌，这类歌有古代传承下来的，也有即兴创作的，以唱生活、唱劳动为主题，篇幅一般都比较短。还有爱情婚庆歌、喻事明理歌等。

古歌多以先民迁徙、民族繁衍、民族英雄、传说故事为内容，篇幅都很长，往往要唱几天几夜，如普米族的《洪水滔天》、怒族的《创世纪》、傈僳族的《牧羊歌》、独龙族的《创世纪》等，仅傈僳族已被整理出来的长篇古歌就有30多部。古歌篇幅长，只有歌手和一些老年人才能演唱。怒族人每到农闲时就喜欢唱他们的《创世纪》，大家围坐在火塘边，由一男性老者（歌手）领唱，众人以衬词附和，旋律低沉浑厚。《创世纪》涉及的内容很多，其中有关于生与死的解释，听了令人浮想联翩，如：“会唱歌的阿哥，会说话的阿哥，我生来就怕衰老，我生来就怕死亡！是谁创的兴老的世道，是谁创的兴死的世道，我要问问创世主，我要问问造物神……一代死了一代生，一辈老了一辈青，这就是死的道理，这就是生的世理。”

祭祀神灵、祭祀祖先和超度亡灵时所唱的歌，也都是先辈传承下来的，也属于古歌，但篇幅一般都短得多。傈僳族、怒族都是崇拜祖先、崇拜自然的民族，都有新年初三祭自然神的传统。傈僳人祭祀的是自然万物的最高神“米斯尼”，祭祀时全寨贡奉祭品，祭师要唱颂祭词：“哦！米斯尼！你是最高等的神仙，你是最伟大的神灵，今天我们来祭祀你，今天我们来供奉你，请你保佑作物成活，请你保佑庄稼丰收……”怒族、傈僳族、独龙族在狩猎前和狩猎后也都要举行祭祀，面对大山和森林吟唱他们对自然的敬畏之情，表达对神灵的感恩之意。如怒族人在狩猎前就要唱这样的祭歌：“我们崇敬的山神，你是高

摩梭女子歌舞

彝族弹唱

纳西族的广场歌舞盛会（王寿林　摄）

德格麦宿锅庄舞（多吉彭措　摄）

山的主管，你是森林的灵魂，我们来拜见你，迎接你，把最好的酒食献给你，把美丽的饰物献给你，让我们见到健壮的羚牛吧，让我们与奔跑的岩羊相遇吧，我们不会忘记你的护佑，我们不会忘记你的恩赐……”

怒江地区各民族歌唱生活、歌唱劳动的民歌数量最多，内容涉及面很广。这类民歌有的是前辈所传，有的是生活劳动中的即兴创作。怒族歌颂新年的歌就是前辈所传，歌中唱道：“一年啊，有十二个月，一月啊，有三十天，最丰盛的酒席应摆在今天，今天吃的预兆着全年，最新的衣装应穿在今天，今天穿的牵系着全年……”一些朴素、易懂的劳动歌和生活歌，则是在生活劳动过程中随意编唱的，如独龙族的劳动歌：“我们干活要勤快，砍树烧山把地开，大火烧过的土地，庄稼才能长得快……大家劳动归来后，一起喝酒，一起唱歌又跳舞。”怒江地区的普米族人也喜欢随时用歌来表达他们要说的话。当你第一次走进他们家里而感到拘束时，主人就会随手操起三弦，边弹边唱：“远道而来的朋友啊，请你不要这么拘束，这山清水秀的普米山寨，就像你自己的家一样温暖，让我们像亲兄弟一般团结，请你接受普米人的坦率……”

歌唱爱情和婚庆也是怒江民歌的重要内容。在怒江地区，各民族青年男女都喜欢用歌来向对方表达问候和情意，传递爱的信息。怒族人的“吉佳姆节”是个情歌大放送的节日。吉佳姆节在中秋节以后，正是粮食丰收、猪肥牛壮的农闲季节，届时村村寨寨杀猪饮酒，连续15天通宵达旦地唱歌跳舞，似乎有释放不尽的激情和表达不完的欢乐。多数情歌都是单独成首，任何人都可以自娱自乐地随时唱，有的则需要双方对唱。有时候对唱的双方并没有情爱关系，而是代表他人在唱。如傈僳族男青年求婚时，就可请媒人到女方家去替唱，通常女方家见了媒人就要唱类似这样的歌：“姑娘生来一枝花，蜜蜂不来花不开，山鸡不叫花不谢，鸥鸪不扒不发芽，阿哥有心采花朵，采花又要怕刺戳。”这时媒人就要回答：“阿妹好像粉刺花，红花绿叶正年华，花香扑鼻惹人爱，惹得喜鹊叫喳喳；阿哥好比翠羽雀，歇在花上就成家。”这样的对唱要进行很长时间，媒人唱得好不好，答得妙不妙，将直接影响到说媒是否顺利。情歌对唱也可由多人参加，傈僳族多人对唱时采用无伴奏多声部合唱，旋律跌宕，气势恢宏。婚庆时节自然是人们展示歌喉的最好时机。傈僳族人在婚庆时，男方和女方的送亲队伍要进行烦琐的对唱。新郎家会唱这样的歌：“酒和肉都已摆好，请来吃啊请来喝，吃不完的是肉，喝不完的是酒。”新娘家就会答唱：“我们像燕子般飞来，把你家酒喝光，我们像聂门尼鸟般飞来，把你家肉吃完。”

唱歌对怒江各族子民来说，已不仅仅是艺术，也是一种语言；不仅仅是一种情感表达工具，也是生命的组成部分。歌唱使他们的生活在平淡无奇中有了诗意。

怒江民歌不仅可以叙事、可以表达情感，还可以用来喻事说理，老年人对青年人进行教育，也往往用歌把人生哲理唱出来，甚至村寨里发生矛盾纠纷，德高望重的调解人去了，也要用歌为双方讲道理、辨是非。所以说唱歌对怒江各族子民来说，已不仅仅是艺术，也是一种语言；不仅仅是一种情感表达工具，也是生命的组成部分。歌唱使他们的生活在平淡无奇中有了诗意。

摩梭人的歌唱

琴不离身的傈僳族女孩

浩如烟海的彝文古籍

彝族火把节（陈春缘　摄）

历史上的彝族尚武，善射猎。《史记》《汉书》《水经注》等古籍中所说的“西南夷”，其主体民族是彝族，“夷”字就是背负弓箭的意思。史书中还记述了古代彝族的习俗特征：“好巫鬼”“善讴歌”“尚黑”“死则烧其尸”。这些记述表明，几千年前彝人已形成了一个群体。彝族族名是中华人民共和国成立后在民族识别时才有的，源自古代礼器鼎彝的“彝”，有丰衣足食之意。

彝族是我国众多少数民族中的大族，有人口870余万，在几千年民族繁衍的历程中，创造了丰富多彩的文明。由于彝族几千年前就已创造了文字，种种文明被记载下来，形成了浩如烟海的彝文古籍。彝人究竟何时开始用文字记事，各种观点说法不一，有说彝文有8000年历史的，有说有6000年历史的，更多观点则认为彝文产生于至今2400～2800年之间，不过三国时期彝文已经成熟并被广泛应用，已是不争的事实。在贵州省大方县境内发现的《妥阿者纪功碑》是迄今发现的最早的彝文古籍，这通碑为蜀汉时妥阿者后人所立，有建兴年号，记载了蜀汉时罗甸国彝族君长妥阿者助诸葛亮南征的功绩。在这之后，彝文石刻、骨刻、木刻、模铸逐渐多了起来。到晋代以后，纸张成为彝文书写的主要材料，彝族的各种文化才被大篇幅完整地记录下来，成为今天所能见到的彝文古籍的主体。

彝文古籍是彝族繁衍生息的记录，是彝族古代社会的全息档案，是彝族的科学成果和精神成果，是彝族人民智慧的结晶。保存至今的彝文古籍有数千种、数万册，思想博大精深，内容涉及彝族社会生产、生活的各个方面，有民间传统文化、宗教经典和世俗文献三大类，包括哲学、历史、文学、艺术、宗教、军事、天文、地理、医学、科学技术等方面。

彝文古籍中自然科学类的有很多，如《铣锅记》《马的来历》

彝文古籍印版

彝文化古籍代代流传，形成了真善美的价值体系和坚持不懈的进取精神，在彝族的心理意识中打下了深深的印记。

《谷仓记》《穿缎子》《病情诊断》《二十八穴针刺法》等，涉及农牧业、纺织、冶炼、建筑、医学等各方面。天文地理类的有《彝族十月太阳历》《十月兽历》《地球志》《乌蒙地界》等，其中《十月兽历》是用五言诗体写成的340行天文历法书，记载了古代彝族毕摩（祭师）戈施蛮创立十月兽历的过程及这种历法的基本原理。

军事类古籍涉及地形利用、安营扎寨、用兵计谋、策反敌兵、领

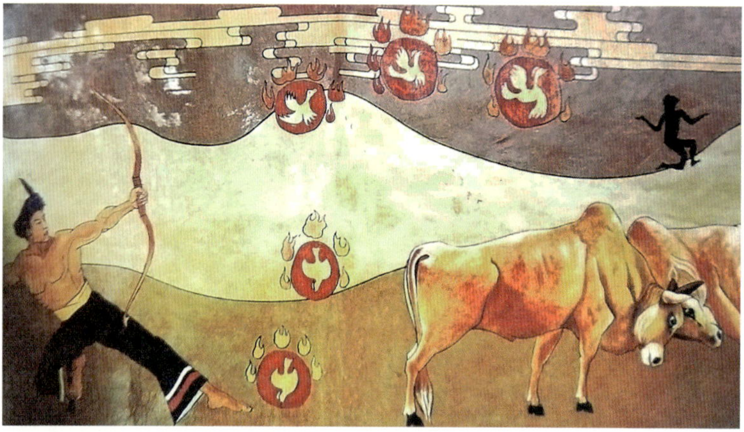

彝族史诗壁画

兵统军等。宗教类的古籍有很多，分祭神祭祖、超度亡灵、占卜预测、诅咒驱神、祈福祷吉等几大类，有《普兹楠兹》《祭祖经》《祭天地经》《求福经》《给祖妣接魂经》《指路经》等，每遇战争、出行、耕种、婚嫁、建房及各类宗教性祭祀活动，祭师都要选择与其内容相应的经书进行吟诵。这些宗教典籍中包含了许多历史、哲学和科学技术方面的传统文化知识。如《指路经》，本是超度亡灵时吟诵的经文，讲述了亡灵回归祖地的路线，后人正是凭借这条路线而判别先祖迁徙历程的。宗教类古籍中有一部《玄通大学》流行十分广泛，这是一部玄学理论巨著，内容由命理和测卜两部分组成，根据男女生辰、天干地支、阴阳五行、十二宫辰、二十八星宿等的逢值推算婚姻、建房及一切重大活动的凶吉，并以所逢年、月的天干地支和阴阳五行测卜福祸。

哲学是彝文古籍的重要内容，除史诗、谚语、宗教和天文地理著作包含有大量古代思想外，专门的哲学著作还有《宇宙人文论》《物氏源流》《呗耄答辩经》等。这些著作以研究宇宙本原和人类本原为主，论证了事物运动规律，运用哲学思想思考社会和人生，还产生了大量“实用”的哲学著作，有劝善、敬老、讲诚信、崇尚勤劳、分辨是非、正视生死等方面的内容，如《礼法经》，就提倡人们要做讲仁义、与人为善、孝敬父母、办老实事的老实人，是教育后代的经典。

当然，彝文古籍中数量最多、价值最高的还是历史方面的著作。这类著作往往贯穿着历史的脉络，以文学的形式表现，充满了哲学的思辨。这类著作主要有三个类型：传说历史、实录历史、谱牒与迁徙。传说类历史多为创世史诗和英雄史诗，如《梅葛》《查姆》《阿细的先基》《勒俄特依》《哈依迭古》等。《查姆》是一部有3500多行的韵文史诗，上部讲了天地起源的五个时代，下部讲了麻棉、绸缎、金银铜铁、纸和笔的起源，反映了古代先民朴素的唯物观和辩证思想，描绘出先民由野蛮时代向文明时代过渡的历程，展现了古代先民改造自然、创造文化的灿烂图景。《梅葛》也是一部创世史诗，从开天辟地，天神创造人、创造世界讲到人的繁衍、结婚、安家、农耕、丧葬，全诗共有七章。《勒俄特依》也是一部妇孺皆知的创世史诗，讲述了开天辟地、征服自然、创立家园、战胜灾害的故事，歌颂了多个智勇双全的英雄人物，内容涉及天地形成、人类及万物的起源和繁衍、彝族社会的发展演变及彝文化的形成。全诗各部分有机统一又独立成篇，主要篇目有《古候·曲涅的迁徙》《阿依楚屏》《火把节的来历》《彝族年的来历》《人为什么会说话》《打鱼》《猴子与蚱蜢交战》等，是一部史诗、神话、寓言和民间笑话的总汇。实录历史如《德布史略》《水西全传》《风家的历史》等，记述的内容虽距今较远，但都翔实可靠。谱牒是研究民族历史的重要史料，从中可以清楚地看到彝族上古社会是母女连名，中古以后是父子连名，对族源、支系的研究很有帮助。迁徙史

彝族史诗故事壁画

籍记载了支系的形成、迁徙的路线和各个时代的生存状况，如《阿者后裔迁徙考》。

彝文化古籍代代流传，形成了真善美的价值体系和坚持不懈的进取精神，在彝族的心理意识中打下了深深的印记。如果把这种印记比喻为土壤，那么彝族人鲜明的心理特征、道德意识和文化习俗就是从这土壤里萌发并生长出来的花朵。

惊世骇俗的牌坊

玉龙雪山丽江城（王寿林　摄）

漫步于丽江古城，如同走进一个融历史文化、建筑艺术和民族风情为一体的巨型博物馆，小桥流水、奇花异木、重檐斗拱、雕门镂窗、青石巷道，处处令人目不暇接，件件使人眼花缭乱。然而，让我久久留恋而不愿离去的，是木府前横跨古街的那一座牌坊。

虽然我见过许多碑匾牌坊，那些寓意深刻、文采洋溢的题写，往往使人过目称绝，回味无穷，但最令我惊叹唏嘘而刻骨铭心的，要算这座牌坊上的四个大字："天雨流芳"。楷书，字体秀美，稳重而内敛。

这是四个诗意盎然的字，粗粗品味，令人感悟到天雨滋润万物萌发、催生万物茁壮成长、给万物带来勃勃生机的情景。细细询问才知错也。这"天雨流芳"是纳西语的汉语音译，其纳西语意为："读书去吧！"

"读书去吧！"这是一个亲切的号召，一个慈祥的劝训，一个充满沧桑感而又颇具祥意的感叹。这是明嘉靖十五年

位于丽江古城的“天雨流芳”牌坊

（1536）丽江第八任世袭土知府木公所题。作为一个封建领主，选择了这么一个汉纳双音、一语双关、两音都有美妙含义的词，无疑是智慧的；作为一个土司知府，能用如此诚挚而祥和的语调提出美好的劝学口号，并刻在牌坊上、悬在大街的繁华处，实在是一个了不起的举动。

据史料记载，早在东汉时期，纳西祖先就曾对博大精深的汉文化表现出浓厚的兴趣。明初木氏第七世阿甲阿得被朱元璋赐以木姓并封为世袭土知府后，就对汉文化十分亲近。此后在木氏贵族阶层，学习汉文化就成为世代沿袭的风尚，历代木氏土知府都曾苦读汉书，学有成就。木泰精《易经》，木东精理学，木旺读遍诸子百家，木定、木高、木青、木增、木懿都曾饱读诗书，遍观经史。尤其是第八任知府木公，少年时从学汉师，《滇南诗略》说他“读书千百言，过目成诵”，袭职后虽经常率兵征战，但戎马间隙也没有停止吟咏。他一生留下了《雪山始音》《万松吟卷》等七部诗集，还编了《木氏宦谱》，写了《建木氏勋祠自记》。他的诗作不但数量繁多，而且内容丰富，除写景抒情诗之外，还有政治诗、征战诗，并被收入《滇南诗略》《云南丛书》，影响远及中原，在纳西文学史上占有极其重要的地位。

可以想象，作为一个成绩斐然的诗人，作为一个饱受文化熏陶的土司知府，他虽然只有一句“读书去吧！”的劝训和号召，表达的定然是深刻的感悟、热切的期待和深远的思考。可以想象，作为纳西王国第一人，他的一句劝训和号召，必定会浸染人们的心灵，必定会产生广泛而深远的影响。

当然，在相当长的岁月里，纳西族对汉文化的青睐只限于贵族阶层的小圈子内。到清康熙年间，木氏知府才投资办学府，让汉文化教育扩大到民间。雍正年间改土归流，朝廷对丽江实行“以夏变夷”政策，流官知府及各级流官便把办学兴教作为为官一任的重要职责，先后兴办书院3个、学馆30余个。这种兴学之风一代胜过一代，到清末民初，丽江又先后建起了丽江中学、联合中学、蚕桑中学、省立丽江师范学校。至此，教育机构之稠密，就是在全国也不多见。众多的

“天雨流芳”牌坊

学校、云集的学子、浓郁的学风，使丽江成为滇西北的教育文化重镇。

教育的发展直接促进了人才辈出盛况的出现。明清时期，丽江登科及第者众多，据地方志书记载，仅丽江的一个小镇（束河镇），清朝以来登科及第者、出任高官者、画家、大商人等就有数十人之多。五四运动后，新知识、新思想在丽江生根发芽，又滋育了一大批仁人志士，一代学子最终成为驰名中外的学者和艺术家。此后，活跃于教育、文化、艺术领域并著书立说的知识分子更是数不胜数。

在那些三坊照壁的老院里，廊柱有楹联，正屋有字画，大街上书画店铺比比皆是。那些步履舒缓的老人们，要么会讲许多东巴经里的故事，要么能演奏纳西古乐，要么能书善画……

丽江，一个清代人口仅有十几万、至今不足30万的边疆地区，能够前前后后走出如此多的重要人士，的确是一个奇迹。这是自古以来兴学办教育的结果，是各种文化在这片土地上聚合沉淀的结果，而这一切，应该说与出自14世纪木知府的那句劝学口号多多少少有些因缘。时至今日，走进丽江古城，依然可以感受到这种浓

丽江古城（阿缘　摄）

郁的文化氛围。在那些三坊照壁的老院里，廊柱有楹联，正屋有字画，大街上书画店铺比比皆是。那些步履舒缓的老人们，要么会讲许多东巴经里的故事，要么能演奏纳西古乐，要么能书善画……

“读书去吧！”这块15世纪刻立的劝学牌坊已经在此矗立400多年了，400多年的风雨已经把历史荡涤得面目全非，独有这句劝训没有枯萎、没有陈腐，依然鲜活，给人永久的昭示和启迪。

TIPS

屹立于丽江古城的“天雨流芳”牌坊是木氏土司重视汉文化的一个标志。历代木氏土知府都曾饱读诗书、遍观经史，尤其是第八任土知府木公曾从学汉师，汉文化基础坚实，留有不少汉文著作。牌坊上的“天雨流芳”（纳西语意：读书去吧！）就是他所题。由于上层重视汉文化，纳西族形成了学习汉文化的风尚。

魅力四射的纳西艺术

栖居于滇西北的纳西族，是一个智慧而开放的民族，一个善于创造的群体。在漫长的岁月里，他们兼收并蓄，不断汲取他邦所长，吸纳域外文明，创造了既有本民族特色而又兼具他族之长的文化。在纳西族创造的绚烂文化中，绘画和音乐就是两种独具特色的文化瑰宝。

孔雀明王海会图壁画
（徐霁　摄）

纳西族的绘画特色十分显著，从绘画类型上划分，主要有世俗绘画和宗教绘画。世俗绘画多用于日常生活中的装饰与美化；宗教绘画主要是与东巴（祭师）相关的东巴画。东巴画是依谱系所绘，具有固定的形式。从绘画材料上划分，有竹笔画、纸牌画、木牌画、神轴画等。竹笔画以竹笔作画，多为经书使用，有封面装饰、题图、插图，所画内容有宝伞、莲花、双鱼、法轮、海螺等吉祥物，也有人形的神像和动物形象，画风简洁、粗犷、古拙。纸牌画是画在硬纸牌上的画，纸牌由多层纸黏合而成，所画内容多为东巴祖师丁巴什罗、护法神像、动物形象和八宝图案等。纸牌用作东巴头上的五幅冠，也用于占卜和祭山神龙王等宗教仪式。木牌画画在薄木板上，有的下端尖锐，可插在地上，有的则是平头，所画内容多为妖魔鬼怪、卢神、沈神、龙王等，分别用于祭祖、

东巴宗教绘画

祭山神、超度等。这种画画风粗犷、形象怪异，为一次性使用，用后即废弃。神轴画绘在布质的卷轴上，用于法事道场，所画内容为东巴祖师丁巴什罗及鹏、龙、狮三尊护法神，也可单绘某种护法神，用于某种祭祀仪式，如用于祭风仪式的单绘四头卡冉神像、用于消灾的单绘九头格空神像等。由于这种画轴为多次使用，非一次性，因而往往画得细腻而富丽。神轴画中最重要、最复杂的当属东巴超度亡灵时使用的《神路图》，这种画宽约30厘

米，长约15米，画幅宏大，画面复杂，从上到下分天界、人间和地狱三部分，有鬼神人物360多个、动物70余种。图中绘有亡灵回归古老祖地的途径，沿途有很多险关，有很多恶鬼在途中阻拦，要与恶鬼搏斗、经受种种磨难才能回到祖地。祭师的作用就是展开神路图，诵经作法，护送亡灵闯过一道道险关。

丽江有许多古代壁画，但完整保存下来的不多，其中仅白沙镇就有50多幅。白沙镇位于丽江古城西北10千米处，那里是纳西族较早的聚居地之一，也是木氏土司的发祥地。明朝时

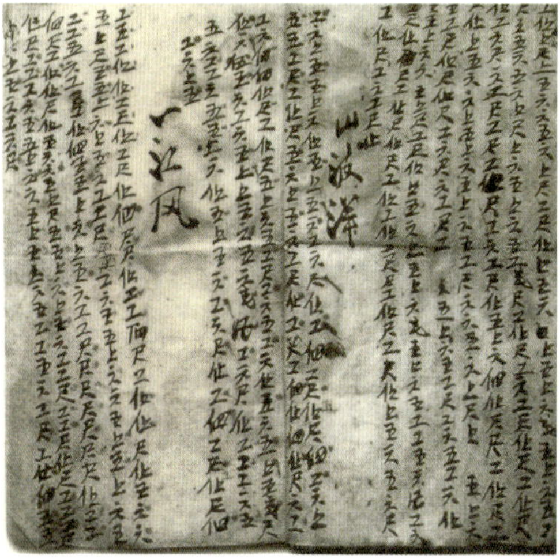

丽江古乐工尺谱
（白郎　摄）

白沙古镇景点大门（何乐　摄）

期，木氏土司正值鼎盛期，经济富裕，文化繁荣，修建了颇具规模的建筑群，现在可以看到的大宝积宫、琉璃殿和大定阁都是那时的建筑，内有明清时期所绘壁画50多幅，都是国宝级文物。这些壁画体现了纳西人乐于吸收外来文化的博大胸怀，从内容到形式，融汉、藏、纳西三种文化为一体，融佛、儒、道三种宗教为一体，极具特色，十分罕见。这些壁画有纳西族东巴画的粗犷和古拙，有藏传佛教画的缤纷和艳丽，有汉地佛教画的端庄和细腻。大宝积宫内保存完好的12幅，有如来佛、四大天王、四佛子，有喇嘛教的三金刚，有道教神仙，体现了多教共存的局面。如《如来会佛图》，正中为如来佛，两侧是仙风道骨的道家神仙，上有十八尊者，下为四大天王和喇嘛教三护法神。一幅壁画，百余位佛、道、喇嘛教人物汇聚一堂，布局巧妙，动静相宜。壁画在表现宗教内容的同时，也融入了当时人们的日常生活图景，除人和神外，还有山林田野、飞禽走兽、花鸟鱼虫等自然风光和动植物，另外还有反映当时社会生活的场景，如捕鱼、打

绘制东巴画

铁、砍柴、纺织等劳动生产场景。

这些壁画是从明代到清代约200多年间陆续绘成的，参与绘制的是各民族的画家，有汉族文人画家，有藏族喇嘛教画家，有白族画家，有纳西东巴教弟子，可以肯定地说，这些壁画就是当时各民族文化相互融合并存的最好例证。这种情况的出现与丽江所处的地理位置有关：当时各民族栖居地犬牙交错，各民族信仰错综复杂，统治者为巩固其地位，必须照顾到各民族的利益和信仰，于是就出现了多种宗教共存的局面。

纳西族的音乐也体现了吸收外来文化的特点。早期的纳西音乐以民歌为主体，有浓郁的山野气息。民歌经过发展，成为东巴宗教音乐，由祭师在宗教活动中吟唱，不同的仪式中唱不同的曲调。这种音乐流行于纳西人口头，也零星保存于东巴经中，吟唱时伴以板铃、板鼓、锣、钹、直笛、海螺、牛角号、碰铃等乐器。纳西音乐发展到一个高级阶段，是后来有“仙风道骨”之气的纳西古乐，这是广泛流行于民间的古典音乐，是纳西和汉地音乐融合的结果，在纳西地区流传至今，成为中国古典音乐的活化石。

纳西古乐由白沙细乐和洞经音乐两部分构成。前者是纳西族古老的风俗性古典音乐，其源头有多种说法。一说是“元人遗音”。《丽江府志略》记载：“夷人各种，皆有歌曲、跳跃、歌舞。……其调有《叨叨令》《一封书》《寄生草》等名。相传为元人遗音。”学者认为，元时忽必烈南征云南，过丽江时与纳西首领阿琮阿良关系甚好，临别时便将随行的宫廷乐队和乐谱的一半送给了阿琮阿良。这部古乐就是后来的《别时谢礼》，又叫《北石细里》，包括《笃》、《三思吉》（三思渠）、《一封书》、《阿丽金排》（美丽的白云）、《美命无》（哭公主）等八章。至此，我们可以理出这样的思路：元人赠给了纳西人乐谱，纳西人经历再创作，就有了乐谱纳西化的名称和歌词。如《三思吉》一曲，歌颂了元军帮助纳西人修三思渠的事，显然是由纳西人创作的。歌词是这样的：“白沙三思水，三股流三处：一处流乌课（地名），乌课稻谷黄，谷穗沉甸甸，功归三思水；一股流乌陀（地名），乌陀小麦黄，麦穗饱嘟嘟，功归三思水；一股流乌甘（地名），乌甘大麦黄，麦粒亮闪闪，功归三思水。”另一首《阿丽金排》写的是忽必烈班师离去时，纳西人惜别欢送的情景：“美丽的白云，美丽的层云，白云层云里，鹰跟鹤，鹤跟鹰，双飞去了，不会再返回。”乐谱是元音，演奏时穿一种长袍，类似于蒙古装。演奏时伴奏的部分乐器也与元宫宴乐队一样，如芦管、胡钹等。这种纳西古乐是传统民乐与元代宫廷音乐融为一体的产物，是现在所称的纳西古乐的最古老的部分。

纳西古乐的另一部分是明代传入丽江的道教洞经音乐。当时明代嘉靖皇帝信奉道教，在做法事活动时有庞大的洞经音乐演奏乐队，木氏土司为了和皇帝保持一致，便派人到京城请来乐师传授，把洞经音乐引到了丽江。现在，洞经音纳西族，是一个智慧而开放的民族，一个善于创造的群体。在漫长的岁月里，他们兼收并蓄，不断汲取他邦所长，吸纳域外文明，创造了既有本民族特色而又兼具他族之长的文化。

乐在各地已失传，独在丽江被保存了下来，并在演奏上融入了一些纳西风格和技法，形成了独特的纳西古乐。现在的丽江古城，有几个业余乐队可演奏这种古乐，保留曲目有《八卦》《步步娇》《浪淘沙》《山坡羊》等22首。《八卦》被认为是唐玄宗李隆基创作的《紫微八卦》的中心乐章。古乐演奏时的乐器主要有摇铃、琵琶、三弦、云锣、芦管、三簧等。纳西古乐，一部分来自元人，一部分来自明代宫廷，体现了纳西艺术兼收并蓄的特点。

纳西艺术是令人震撼的艺术，细品他们的绘画，不仅为那些大胆而独特的色彩和构图所震撼，也为那画幅背后的故事所感动；聆听他们那好似来自天界的音乐，你会产生一种远离世俗的错觉……

纳西人的艺术在朴素中透出一股清雅高贵之气，这正是他们善于吸纳域外文明才能够达到的一个高度。不仅仅是艺术，在教育、文学等领域也是如此，这正是纳西人包容开放的态度所致。

俄国人顾彼得笔下的纳西古乐

20世纪30年代，俄国学者顾彼得曾在滇西北探险、考察。他在《被遗忘的王国》一书中，描写了聆听纳西古乐的感受：

"……演奏时气氛相当虔诚……香炉里焚着香，引人注目的是一架雕有龙凤之类的木架，十面小锣挂在上面，另有一架玉片琴，其音色优美无比，一面声音洪亮的大铜锣悬在房梁上，一种类似古钢琴的长方形多弦乐器（筝）置于八仙桌上，只有极少数人能演奏它。其他有胡琴，还有大型琵琶和三弦、笛子、吹管、打击乐等。乐师们身穿长袍马褂，缓步就座，他们的美髯表现出一种温文尔雅的古之遗风。我认为其中似有一位担任指挥。他们看曲谱或经文演奏，通常由笛子领奏，而后进入合奏。交响乐开始了！我是懂得音乐的，但在此时此地，我才真正感到茫然……不能解释其主题旋律中所叙述的故事了。听！那抑扬顿挫的节奏和韵味是如此激励人心、如此威严！那面大铜锣敲响了，那是曲乐章节之结束并预示将出现高潮。哎呀呀，我有生以来从没听到过有如此深沉、辉煌，却又那么柔和悦耳的锣声啊！随着它的声浪，整座屋宇像是摇晃起来。接着，乐师们肃然起立，其中一最年长者用天然的嗓音唱起了一段神圣的咏叹调。

"交响乐继续着。忽然，意想不到的美妙旋律倾泻而下，仿佛是从玉屏上落下的水帘。音乐跟着一个小金铃碰击的叮咚之声逐渐远去时，又像是纳西被称为'玉湖'的水中，掉进粒粒钻石，泛起阵阵涟漪……最后，乐曲在一个终止式上结束……

"我认为，为那崇高的旋律中表现的是对'生命'的歌咏，有时出现的音调游移，则表现为某种叹息，试图用音乐说明'生命'的存在……这种音乐是地道的中国古典音乐，但它却是超越时空的，是上界的预言，似乎在描述一块乐土，那里那么安宁、静谧，有着不灭的和平、大同。"

枝繁叶茂的康巴语言

木雅藏族儿童

康巴藏区栖居着数十个民族，每个民族都有自己的语言，每种语言又因群体和地域的不同衍生出多个支脉，仅藏语的康巴方言（藏语有卫藏、安多、康巴三大方言区）就有北路、南路和东路牧区三大类。义务为我做了一天翻译的蒋女士告诉我，康北德格语是最具代表性的康巴方言，在康区流行较广；康北石渠县和色达县是牧区，则流行安多语；在某些地方，德格语又与安多语互有渗透融合；在康巴中部和南部，康巴方言又形成了许许多多被称为“地脚话”的分支，如木雅语、贵琼语、尔龚语、扎巴语、尔苏语、普米语、曲域语、纳木依语等。

据蒋女士介绍，每种语言的使用人群多至两三万，少则一两千，主要分布在康定、丹巴、道孚、雅江、新龙、九龙、理塘等县纵横千里的范围内。如尔苏语，仅有九龙县部分地区的1000多人使用。使

康北藏族女孩

嘉绒女子

用曲域语的民族也只有1000多人，分布于雅江、新龙、理塘、康定四县的部分村寨中。在雅江与道孚接壤的扎巴大峡谷中，那里的藏族人自称扎巴人，他们的语言被称为扎巴语，仅在数十里的峡谷中使用。据研究，扎巴语与周边任何一种语言都不类同，既不是藏语，也不是藏语方言，属汉藏语系藏缅语族内一种独立的语言。在以嘉绒藏族为主要人群的丹巴县内，还分布有尔龚藏族、木雅藏族等源于古代不同部落的人群，他们不仅都有自己的语言，还因语言相互渗透融合，形成了本族听不懂本族语言、交流时往往使用汉语的现象。在以康定和雅江为主，包括道孚、九龙、理塘等县部分地区在内的木雅藏区，木雅藏族仅有2万人左右，与他们错杂分布的还有使用贵琼语、尔龚语、曲域语、扎巴语、嘉绒语的群体，这就形成了繁缛复杂的语言现象，以至于过一条沟、翻一道梁，一方就听不懂另一方的语言。蒋女士本是藏族，上过民族学院，教过书，改行从政后与基层有广泛的接触，但她也听不懂许多地方的语言。

据蒋女士讲，康巴藏地语言纷繁复杂的

康北藏族女子

康南藏族汉子

现象，是地理、民族、历史和政治等多种原因所致。从地理上讲，康巴藏区地处青藏高原的横断山区域，高山密布，河谷幽深，多条大江自北向南，将其切割为一个个高山峡谷区，这些区域形成一个个相对独立的地理单位，各单位居住人群既保有共同特征，又有相互区别的习俗习惯，人与人之间往来不便，信息传播和经济文化交流也相当困难，区域性文化能很快形成并长期存在，语言也能长期保持其独立性。从民族历史上讲，藏族部落数量众多，人口构成复杂，其历史就连许多学者也不能完全搞清，但总的来说，藏族源于氐羌等生活于青藏高原的原始民族，如木雅藏族，其前身就是古代氐羌的一个大部落。春秋时期，一部分羌人西迁，与康区原始民族融合，成为康区藏族的组成部分。隋唐时期，活动于青藏高原的羌人部落有党项、白狼、东女及“西山八国”等。当初，吐蕃势力东移，一些部落被兼并，吐蕃人与当地居民融合，许多部落成为吐蕃的属部，藏族形成统一的民族，各部落的语言和文化由此被保存了下来。从政治上讲，自元代以后，中央政权在康巴藏区分封了数十个土司，土司之间互不隶属，各自为政，这种现象一直持续到清末，这也使各地语言得以独立存在。

蒋女士不是语言学家，但她对康巴藏区五花八门的方言形成原因的分析，倒是令我信服的。

旷野里的歌舞（多吉彭措　摄）

绚烂文化
影　像
香巴拉
XUANLAN　WENHUA

婀娜多姿的巴塘弦子

蛮夷所处，日入之部，慕义向化，归日出主。圣德深恩，与人富厚，冬多霜雪，夏多和雨，寒温时适。部人多有，涉危历险，不远万里，去俗归德，心归慈母……

——《远夷慕德歌》

这是东汉永平年间白狼人首领（白狼王）向东汉王朝称臣时所献的《白狼王歌》三首中的第二首。这首歌既描述了白狼人的生存环境，又向汉王朝表达了敬慕之情和忠诚之心。

白狼羌人早在远古时期就在横断山脉中的金沙江峡谷和雅砻江峡谷里繁衍生息，他们“编发随畜迁徙”，其主要生产方式是游牧渔猎、刀耕火种。他们崇拜图腾，敬畏自然，信仰祖先，信奉鬼神，喜好祭祀。集体祭祀时，众人分立两排，相互牵手搭肩，弯腰垂首，边唱歌边绕火堆跳舞。这种祭祀舞无伴奏，一唱一应，唱完一段后回绕一圈再继续唱。这种祭祀歌舞叫“歌卓”，就是后来弦子歌舞的源头。

公元667年，西藏吐蕃王朝第三十三世赞普松赞干布征服白狼各部落，统治长达200多年，其间白狼羌人与吐蕃人融合，形成了巴塘等地的

藏族群体。随着藏传佛教的传播，巴塘等地又兴起了一种寺庙舞，“歌卓”的宗教意义随之丧失，逐步演变成劳动之余、佳节之期、婚丧之时群众自娱自乐的集体舞，这种舞叫“嘎谐”，就是巴塘弦子的雏形。从宋代到清初，“嘎谐”经过漫长的发展、完善，已成为不同于“歌卓”的、独具特色的民间集体舞——弦子，其特点是：舞时绕圈，舒展长袖，弯腰垂首，边舞边唱，队形变化多端，曲调婉转优美，唱词简洁形象。这种舞蹈能最大限度地表达巴塘人豁达、奔放、

巴塘民居

2000年，巴塘被国家文化部命名为“中国民间艺术之乡”

热烈的情绪，与巴塘人乐天、乐地、乐生命的心理性格相吻合，很快便流行开了。

到了清朝中期，巴塘迎来了经济文化的空前繁荣。作为官道驿站，朝廷曾在此设置粮台、宣抚司；作为商贸大通道，这里商业极为发达，乾隆年间仅汉商就有80多家，到1912年，已发展到15个行业，工商户达200多家。清末时赵尔丰曾在此推行汉文化，外国的天主教、基督教也在这里设教会，一时间巴塘成了开放、繁荣的多元文化并存之地。在这样的背景下，民间歌舞很自然地吸收了汉地歌舞的特点，开始加入乐器伴奏，从而使这一古老艺术式样增添了新的风韵，成了集歌、琴、舞为一体的综合性艺术。因为伴奏的乐器是胡琴，所以这种歌舞就被称为“弦子”。因为巴塘是弦子的主要发源地，加之巴塘弦子最地道，2000年巴塘还被国家文化部命名为“中国民间艺术（弦子）之乡”，于是就有了“巴塘弦子”这一称谓。

巴塘弦子唱词内容丰富，或赞美家乡山水，或咏唱生产劳动，或抒发人生哲理，或倾诉美好爱情，辞藻华美简洁，含义深刻，有浓郁的乡土气息和民族特色。唱词类型有多种，如祭歌、团聚歌、风土人情歌、欢歌、祝歌、悲歌、情歌等。唱词多用比兴，其中有六字一句、四句一组的，有七字一句、四句或三句一组的，也有八字一句、两句一组的。每首唱词都可与任何一支弦子曲调搭配，所有曲调可反复拉唱，节奏明快，易记易唱，具有群众性，适合集体舞唱。

巴塘弦子是一种群众自娱自乐的艺术形式，劳动之余、时令佳节、开张营业、乔迁新居、婚丧嫁娶、祝寿贺岁、朋友相聚，都可随时舞唱。表演时不拘形式，三人五人可舞，百人千人也可同舞。舞唱的场地不受限制，院落村头、山野平川、牧场草地、广场舞台等随处可舞。演出时由胡琴领头演奏一遍曲调，随后舞者在胡琴伴奏下且舞且唱。队形可任意变换，但基本保持了绕圈的队形，并加入了左右旋转的动作。舞者不论男女必挥臂舞袖，弯腰垂首，脚踏节拍，其舞姿既优雅柔美，又舒畅豪放。每舞一曲都是由慢到快，由弱到强，先是轻歌曼舞，继而节奏加快，音乐变得激烈昂扬，直至达到高潮，令舞者情绪亢奋，令观者心潮澎湃。若遇大的节庆活动，成百上千人团聚一起舞唱弦子，便呈现出一种与天地同乐的壮观情景：舞动的身影如翻滚的波涛，一浪高过一浪；传统的服饰鲜艳夺目，如绚烂的彩虹；

巴塘弦子（王秋蓉　摄）

巴塘弦子

巴塘弦子

高亢的藏歌充满生命的激情，在天地间久久回荡……

中华人民共和国成立后，巴塘弦子作为民间艺术瑰宝，当地有关部门组织专门力量对其进行了继承和发展，使巴塘弦子在音乐、舞姿等方面有了创新，并走出了藏区，走出了国门。1954年，巴塘弦子就被选为中国青年代表团的节目之一，赴波兰进行了演出，此后多次参加全国调演、会演，受到党和国家领导人的好评。巴塘弦子的部分词曲被改编成歌曲后曾在全国流行，如人们熟知的电影《柯山红日》主题歌、电视剧《格达活佛》主题歌、歌曲《毛主席的光辉》《北京的金山上》等，都取材于巴塘弦子。

巴塘弦子是巴塘人民创造的艺术瑰宝，是藏族人民珍贵的文化遗产，是华夏艺苑中的一枝奇葩。

林间牧场

巴塘措尼巴湖

TIPS

藏区各地都流行弦子舞，但巴塘弦子舞源远流长，且有显著的特点，因而成为藏族民众弦子舞的代表。巴塘弦子已有1000多年历史，是从远古时的一种叫“歌卓”的祭祀舞发展而来的。最初没有乐器伴奏，清中期后开始吸收汉文化，有了胡琴（弦子）伴奏，故称弦子舞。巴塘弦子在国内外都有较大的知名度，是集歌、琴、舞于一体的综合性艺术，巴塘人男女老少都喜欢跳这种舞，跳起舞来常常是通宵达旦毫无倦意。

藏戏，藏族人民的精神主食

藏戏是我国戏剧艺苑中最具特色的剧种，起源于15世纪，成熟于17世纪，在藏区流行了500多年，至今仍盛演不衰。

藏戏的创始人是噶举派僧人唐东杰波。他出生于西藏昂仁，修行于康区，为谋利众生耗去了毕生精力。作为著名的藏医药学家，他发明的主治胃病的“沉道白色丸”至今仍被视为经典藏药。作为桥梁建造家，他从雅

藏戏演出（多吉彭措　摄）

色达藏戏（多吉彭措　摄）

藏戏演出（多吉彭措　摄）

安沿茶马古道北路经康区至西藏，历时数十年，在沿途大江小河上主持修建大小桥梁100多座。起初，他煞费苦心募筹造桥经费，历时三年而成功，后来就从信徒中选了聪明俊俏的七姊妹组成歌舞班，以佛教故事为内容，自编自导成具有简单故事情节的歌舞剧到各地演出，以化导众人，募集经费。桥梁竣工后，他们又聚众演出，以示庆贺。这便是藏戏的起缘。此后几百年间，经过僧人和民间艺人的加工、改造和提升，藏戏逐步发展为一种成熟的剧种，有了固定的演出程式，成为一种融歌唱、舞蹈、旁白、服装道具、音乐伴奏为一体的综合性艺术，并发展为多个流派，产生了许多剧目。

藏戏是一种广场戏，很少在舞台上演出。演出时化装简单，除戴面具外，就是一般的粉面与红脂，没有复杂的脸谱。演出时一人在旁边用快板向观众介绍剧情发展，演员则专心致志地吟唱，唱腔高昂嘹亮，后台一般有帮腔。唱腔有多种，表现欢乐内容的叫长调（党仁），表现痛苦忧愁的叫悲调（党鲁），表现叙述内容的叫短调（党统），剧中人物情感的变化靠唱腔的转换来表达。唱时有鼓、钹等乐器伴奏。每一唱段完毕，就有一段舞蹈，舞蹈过后又是唱段，唱时不舞，舞时不唱。舞蹈的动作很多，如爬山、行船、飞天、斗妖、礼佛等。

藏戏演出的时间可长可短，一部戏细唱细做，可演一两天，若只演两三个小时，则将剧中一些唱段省略，用道白介绍剧情。演出时间无论长短，都必须遵循固定的程式，必须完成三个部分。第一部分是“温巴顿”，意为猎人净地，由身着猎人装、手持彩箭的演员首先出场，并高歌祝福，接着由着太子装的演员登场，象征加持舞台，给观众带来福泽，随后是着仙女装者慢慢起舞，表示仙女下凡，与世人共乐。猎人、太子和仙女的歌舞共同构成藏戏的序幕，与剧情是没有联系的。第二部分叫“雄”，是正戏。第三部分叫“扎西”，是正戏结束后的祝福告别仪式，由全体演员以歌舞形式向观众致谢，并进行募捐。

藏戏演出

由于藏戏深受藏族民众喜爱，有广泛的群众基础，各地产生了许多业余剧团。这些剧团由于地理、语言、历史和民俗的原因，形成了自己的特点和风格，最终发展为多个流派。旧派也叫白面具派，演出时戴白色面具，动作、唱腔和化装都较为简单。新派也叫蓝面具派，演出开始由戴蓝面具的演员先出场。此外还有独角戏。在多个藏戏流派中，最具特色的是以德格藏戏为代表的康北地区的藏戏，有与西藏戏和安多戏迥然不同的特点。

康北藏区演出藏戏始于17世纪中叶。当时康北德格土司向巴彭措执政时，为宣扬佛法，命家庙更庆寺僧徒组织戏剧演出，要求在念央勒经期间选出喇嘛40人排练名戏

《夏热巴》和《诺桑王子》。从“央勒”佛事活动结束后的七月一日凌晨开始，全寺僧众聚集在城郊，诵经祈祷后公演藏戏两天。从此这一习俗便延续下来，至今已有300多年的历史，每年七月一日的“央勒节”都有多家寺庙公演藏戏。康北地区藏戏演出的剧目和时间有着严格的规定和仪式，演出前先要举行隆重的烟祭和供神仪式，届时乐队演奏九层吉祥调，接着由两个戴面具的“阿查热”（瑜伽咒师）出场做一些滑稽表演。正戏开始时，先由“笨拉”执香引路，“婆罗让”出场，有唱有跳地概括介绍剧情。正戏演出过程中，唱、舞和念白相互交替。每部戏演出结束后，演员除饰国王、大臣、比丘、王妃者保持原装外，其余均换上喇嘛衣服，全体围成圆圈，由“婆罗门”“诺桑王”“安登王”各唱一段吉祥词以示结束，旧时演

格萨尔藏戏演出

藏戏演出（多吉彭措　摄）

藏戏是藏族民众创造的文化成果……在人们观念的形成和民族心理的孕育过程中起到了引导定型的作用，使人们的美丑观、善恶观和价值观得以固化，审美情趣得以提升，道德情操得以净化。

出结束后还要等土司、寺主和德格印经院管家依次给演员献过哈达后才能退场。德格藏戏演出过程中，咒师的滑稽表演占很大比重。这种与剧情无关联的表演不仅在正戏前是必不可少的，在正戏进行过程中也可即兴穿插，这不仅填补了正戏演员换装、休息的空场，也起到了调节观众情绪、烘托剧情的作用。德格寺庙藏戏的音乐和舞蹈属于民间音乐舞蹈和寺庙宗教音乐舞蹈的融合体，较之其他地方的藏戏有显著的特点。

藏戏最初有很多剧目，经过加工、改造后保留到今天的剧目虽不多，但都是经典剧目，历代演出不衰，如《文成公主和尼泊尔公主》《朗萨唯蚌》《苏吉尼玛》《诺桑法王》《顿月顿珠》等，这些剧目是藏族人民的传统保留剧目。在康区北部的德格等地，最流行的则是《夏热巴》《诺桑王子》《甲羌》等剧目。藏戏的保留剧目个个人物鲜明、故事曲折、情节感人，每一部戏都淋漓尽致地表现了光明战胜黑暗的斗争，赞美了真善美，鞭挞了假丑恶。更为难能可贵的是，不少剧目真诚热情地歌颂了身处社会底层的劳动者的勤劳、勇敢和智慧。有些藏戏的情节虽然来源于佛教故事，但经过改造加工，凸显了约己、施善和奉献精神，即便是在今天仍然有很强的现实意义。如《夏热巴》就讲了一个以德报怨的生动故事：释迦牟尼成佛前曾降生为八只脚的狮子，名叫夏热巴；夏热巴虽然威猛，却性善，从不伤害弱小动物。一天，好猎的国王泽拥拉戈一行围猎时遇见夏热巴，即张弓射击、纵马追捕；追击途中，国王跌进深谷受伤，夏热巴见状，反而救起国王，让他骑在自己身上脱离了危险。国王得救后，十分崇敬夏热巴，从此不再狩猎，并禁止全国臣民狩猎。

藏戏是藏族民众创造的文化成果，由于数百年的演出、流传，产生了广泛而持久的影响，在人们观念的形成和民族心理的孕育过程中起到了引导定型的作用，使人们的美丑观、善恶观和价值观得以固化，审美情趣得以提升，道德情操得以净化。所以说，藏戏是藏族民众世代共享的精神主食。

精美的康巴藏居

康巴藏居具有鲜明的民族性和地域性，虽然各地藏居互不相同，却有造型别致、装饰精妙、气势宏大的共同特点，既有庄严、坚固的阳刚之气，又具浓妆艳抹的绚烂之美。

在藏族牧区，人们居住的主要是便于拆卸、利于迁徙的帐篷。康巴帐篷外形主要为正方形和

山岭上的碉式石砌房

道孚民居

木雅藏地民居

长方形，也有少量的蚌壳形或筒形。帐篷因“幅”的多少不等而大小不同，有24幅、32幅、48幅等多种规格，可居住几人、几十人。旧时寺庙或土司头人还有可容纳数百人的特大帐篷，甘孜县桑珠寺有一顶白色帐篷可容纳千人，传说是元代忽必烈赐给八思巴的礼物。牧民平常居住的帐篷多为黑色，为牦牛毛编织而成，也有黑白两色相间。大型节庆活动时，牧民们在草原上搭设的临时帐篷则为白色，由白布缝制而成。古代也有用兽皮缝制帐篷的，今甘孜州博物馆保存有一顶很大的帐篷，由100张虎皮缝制而成，原为理塘毛垭土司所有。帐篷外部也讲究装饰，有的彩绘，有的剪贴，内容多为线条花纹、吉祥图案。寺庙帐篷除有吉祥图案和花纹外，还要装饰法轮和龙狮图案。

在康巴农区，藏族人民都住房屋。由于自然环境和部落文化的差异，康巴各地的藏房形式多样，互不相同，其中最普遍也最具康藏特色的就是碉房。碉房有土夯墙和石砌墙两类，高二三层、三四层不等，底层圈养牲畜，其上为居室、经堂、储藏室等。碉房都是平顶，远远看去方方正正，给人以坚固沉稳之感。这种平顶是在排列的横梁上先铺以树枝柴草，再覆以泥土而

康南藏寨（多吉彭措　摄）

成的，有冬保暖、夏隔热的功用。各地的碉房墙体颜色各异，有的染为白色，有的保留泥石本色。在甘孜州东部丹巴县等嘉绒藏族地区，碉房墙体为石砌，但都刷为白色，十分耀目，上部木结构则为棕色，夹杂少量白、蓝等色为装饰。屋顶四角分别有一个塔状砌体，也为白色，凸显了嘉绒民居建筑的独特风格。康定北部和雅江等地木雅藏区的碉房则显得尤为高大壮观，墙体均为石砌，且保留了石头本色，或铁青、或灰黑，二层以上开窗，正面木结构为棕白相间。甘孜州西南部的巴塘、乡城、稻城等县，碉房墙体一般为泥土夯筑，多为两层，墙体保留泥土本色。云南迪庆州的藏房类型多样，有木楞房（也称闪片房），以圆木井栏式相嵌为墙，顶部呈“人”字形，并覆以木片；有夯土墙平顶房，形同甘孜一带的碉房；有夯土墙体人字顶的土撑房，屋顶或盖木片、或覆瓦。土撑房高大雄伟，一般为二层或三层，

道孚村寨

独特的房顶夯筑方式
（多吉彭措　摄）

二层以上住人，室内耸立多根圆柱，空间很大，有的可摆百人的宴席。康巴藏居中有相当一部分为僧房。僧房同一般民居碉房无大差异，墙体为白色，平顶，只是梁枋不出头，屋顶出檐短促，形体稍小，屋檐和门窗少装饰，显得有些简陋，充分体现了佛教的约己精神。不过僧房都是围绕寺庙成群成片分布，远远望去鳞次栉比，层层叠叠，很有气势。

藏族是一个爱美、喜欢艳丽色彩的民族，极善装饰自己的居所。在康巴藏区，一些藏族房舍装饰的造价甚至超过了房屋本身的造价。康巴房屋外部的窗边、门头和屋檐，通常由棕、白、蓝色构成相间的色块，美观醒目。门楣、窗楣和檐口，都安装有两三层遮雨棚——藏语称之为“巴苏”，这是最具藏族风格的装饰形式。门为棕色，上可绘吉祥图案，窗为方形，“田”字形窗扇，窗框两边有上窄下宽的黑色带，使窗户的外观形成梯形，窗上缀有毛织品顶帘。室内的梁枋、立柱、天棚、墙壁、桌柜等，或绘有彩色图案，或雕刻有各类花纹，加之藏毯的衬托，尤其显得绚烂华丽。大柱是室内装饰的重点，

嘉绒藏寨（陈学积　摄）

康巴藏居具有鲜明的民族性和地域性，虽然各地藏居互不相同，却有造型别致、装饰精妙、气势宏大的共同特点，既有庄严、坚固的阳刚之气，又具浓妆艳抹的绚烂之美。

特别是柱头、雀替与梁枋的结合部位，必有蓝红交错的垂帐纹、金色连珠和金、黄、绿三色相间的花瓣。雀替堂面有或红或青的卷云和或白或青的镶边，雀替正中嵌有浮雕或画有彩绘，其内容多为佛僧故事、日月星辰等。梁柱的不同部位也绘有不同颜色花纹，四壁布满彩绘或雕刻有花纹和图案。

在康巴，最能体现建筑技术的巧妙和建筑艺术的精美的，是寺庙建筑。康巴藏区有大小寺庙近千座，仅甘孜州境内就有500余座，为唐宋元明清各代陆续修建，其中清代的建筑最多。这些寺庙中有少部分规模宏大，建筑雄伟，僧人众多，有专供僧侣诵经的大殿，有僧侣居住和研习的僧房及佛堂，有寺庙住持或活佛居住的专门房舍，还有整套的管理机构。寺庙无论建筑规模有多大，房屋有多少，大殿都是理所当然的代表性建筑。大殿一般为土石木结合的建筑，石砌基础，夯土筑墙，佛柱密梁，高大轩昂，气势宏伟。有趣的是，一向重视传统的藏族人民在设计建造寺庙殿宇时，往往以开放的态度吸纳了外民族的建筑文化，形成了迥异的建筑风格，有平顶城堡式，有重檐歇山金顶式；有的依山而建，有的平地而起；有的散状分布，有的呈四合院或多进庭院式。殿宇外形无论属于哪种建筑风格，都装饰讲究，给人流光溢彩、金碧辉煌之感，有浓郁的宗教氛围和鲜明的民族特色。殿宇的上部饰有各种法器，如铜制镏金的法轮、双鹿、法幢、宝瓶、宝塔等。殿宇内部的天花板、梁柱和墙壁上，彩绘、雕刻比比皆是，装饰物琳琅满目。雕刻多为各类花纹，彩绘除几何图案和云纹外，还有人物、动物、法器、吉祥物及梵文艺术，内容丰富，色彩艳丽。装饰物大多以梁柱为依托，悬挂各种大幅幢幡、平幡、彩绸、唐卡或刺绣，饰以丝织或彩布的剪贴图案。

康巴藏居是藏族人民智慧的结晶，是精美的艺术品，是雪域高原特定自然环境中的一道文化风景。随着社会生活的演进，康巴藏居也在慢慢地发生着变化，一方面是一些新型建筑材料渐渐被藏居所接受，一方面是其他民族建筑技术和艺术被藏族人民所吸纳。但总体说来，康巴藏居始终保持了鲜明的民族特色和古老的民族传统。

云南饼茶

滇西说茶

“加察热！加霞热！加梭热！”这句藏语译成汉语的意思为：“茶是血！茶是肉！茶是生命！”是中甸藏族同胞对茶的充满激情的赞颂。当然，在滇西，不仅藏族人爱茶，纳西、彝、普米、傈僳、布朗、白、基诺等民族都喜茶、嗜茶，视茶为生活的重要组成部分。在滇西，无论你走进哪个民族的人家，都会受到以茶相待的礼遇。

其实，种茶、饮茶的风俗原本源于长江流域。唐代陆羽《茶经》中说：“茶之为饮，发乎神农氏，闻于鲁周公。齐有晏婴，汉有扬雄、司马相如……皆饮焉。”从秦到汉，饮茶相对普遍，但茶也仅是王公贵族阶层享用的奢侈品。汉代以后，饮茶习俗逐渐从上层社会普及到民间。隋唐时期，茶叶生产和贸易出现兴旺局面，《封氏见闻录》有这样的记载：“其茶自江淮而来，舟车相继，所在山积，色额甚多。”唐朝一度禁酒，饮茶之风日盛，加之如刘禹锡、柳宗元等一大批文人饮茶赋诗，也推动了茶文化的普及。也就在这一时期，饮茶习俗迅速蔓延到边疆少数民族地区。特别是在藏区，人们以奶、肉为食，饮茶有助于消化，于是很快形成了茶“等于米盐，不可一日以无”的局面。藏族人“一日无茶则滞，三日无茶则病”，“以其腥肉之食，非茶不消；青稞之热，非茶不解”。宋朝时茶产业有了进一步发展，茶叶贸易空前活跃，就连皇帝宋徽宗都曾撰写茶论，还亲自沏茶招待臣下；在民间，饮茶之俗更盛，甚至滇西奴隶、农奴阶层都已经有了饮茶的习惯，视茶为生活的必需品。

滇西南是我国著名的茶产地和茶文化的发祥地之一。公元前8世纪写成的傣族贝叶经《游世绿叶经》中，不仅有佛祖传授种茶知识的故事，还记载了傣族先民种茶、烤茶、煮茶及吃泡饭茶的事。在西双版纳，至今还有树龄800岁的老茶树，400多岁的茶树在有的地方甚至成片成林。彝族《茶经》中也有这样的记载：“彝人社会初始，已在锅中烤制茶叶。”滇西南的勐海、临沧、思茅、景谷、沧源、腾冲等地因长期种茶而成为著名的滇茶产地。独特的地理气候和丰富的生产经验，孕育出许多海内外知名的茶叶品牌，至今驰名的仍有云南沱茶、南糯白毫、思茅雪兰、勐海佛香茶、龙山云毫、竹筒香茶、普洱方砖茶……

茶农在烘烤茶叶前要先焚香示敬（陈阳　摄）

川藏古道边的茶叶背夫雕塑

古茶树上采茶

滇西各民族是对茶有了深刻而透彻的领悟，才把茶融入他们的生活，使饮茶内容变得丰富，饮茶方法变得多样，饮茶要求变得个性化，从而创造出博大精深的茶文化。

滇西南的茶除销往滇西北和藏区外，还被商人们运往南亚及欧洲各国。托尔斯泰的《战争与和平》中就有俄国人喝云南普洱茶的描写。当然滇茶的主要消费地还是在藏区，据有关资料记载，民国年间每年销往西藏的茶叶至少有万担。《滇茶藏销》里还记述了西藏商人及马帮去云南采购茶叶的情景："自拉萨而阿墩子，以至滇西北丽江转思茅，越重山，过万水，历数月络绎不断于途……"滇茶销往藏区，换回的主要是马匹，因此这种贸易被后人称为"茶马互市"。宋朝和明朝时，这种贸易被控制在官方手中，朝廷曾成立专门机构来管理茶马互市。虽然如此，茶叶走私依然很严重，朱元璋为了杀一儆百，曾以茶叶走私罪处决了驸马欧阳伦。

滇西人擅长种茶，喜好饮茶，还把茶叶视为精神生活的组成部分，至今还有许多民族视茶为沟通鬼神的灵性之物，是求仙、成仙的必需品。拉祜族和佤族视茶为神灵、祖先；德昂族崇拜茶，以茶为图腾，他们还传唱有这样的民谣："茶是茶树的生命，茶是万物的始祖。天上的日月星辰，都是茶的精灵的化身。"他们祭祖必有茶，无茶则不祭祖。彝族是一个善于生产茶的民族，与茶的关系极为密切，祭火神、请佛爷念经等宗教仪式上，祭品必须有茶。青年人求婚，礼品中必有茶，举行婚礼时要诵《寻茶经》，办丧事时要诵《茶的根源》，祭天地、祭祖先时要献茶，诅咒凶邪、招魂、超度时要设"茶祭坛"。藏族、哈尼族及摩梭人、拉玛人也都赋予了茶一定的宗教意义。

滇西人丰富多彩的茶文化更多地表现在饮用方面。各民族饮茶的方式、冲煮的程序和饮具的类型是多种多样的。布朗族生活的滇西南，茶树多、泉水多、竹子多，这"三多"在他们饮茶的习俗中得到了反映。烧茶时，要砍一截粗大的竹子，一端削尖插在地上，当作烧水器皿，在四周生火煮茶。茶叶为随采的鲜叶，在火上烘过后，投入竹筒。同时砍来较细的竹子做茶杯，也是削尖一端插在地上，以免烫手。大竹筒内的茶煮好后倒入各个小杯，就可饮用。有趣的是这种竹杯的口沿处有一个半圆形的鼻位缺口，喝茶时鼻梁恰好嵌入其内，能够充分地闻到茶叶与泉水混合而

竹篾包装的粗茶

普洱茶农在新茶采制季节举行新茶品鉴会（陈阳　摄）

成的特别的清香。

普米族的饮茶习俗中则保留着古老的吃茶痕迹。他们的“打油茶”，是将小陶罐在火上烤烫，并加入猪油或香油和一撮米，烤到米发黄时加入茶叶，待茶叶焦枯时向罐内加入沸水，稍煮即可食用，有时也加食盐和香料粉。另一种方法是将芝麻、黄豆、花生米、糯粑、干笋等分别用油煎或炒熟，一一放入碗中备用，之后在锅里放油放茶，炒后加水煮沸，再捞出茶叶，茶汤倒入碗中即可食用。基诺族喜欢的一种凉拌茶，也是对古老的吃茶法的延续：新采的茶叶经沸水烫过，再配以辣椒粉、姜汁、食盐等各种佐料即可食用。布朗族和景颇族还喜欢做腌茶：将新采的茶叶洗过晾干，稍加揉搓，伴以食盐及各种佐料后装入竹筒或罐中，筑紧压实，封口后静置几个月就算好了。之后倒出晾干装入瓦罐，食用时拌香油。布朗族的腌茶有时以黄泥密封罐口，并要埋入地下半个月。这些腌茶的做法与汉族的咸菜、腌菜的做法类似。

白族喜欢“三道茶”和“响雷茶”。“三道茶”源于唐代南诏大理国宫廷，今已普及于民间。滇西人饮茶多选用发酵过的红茶，但“三道茶”却选用绿茶。其做法是将茶叶装入小罐中烘烤，待茶叶焦黄时加入开水烧煮片刻后，即可倒出饮用。这为第一道茶，其味浓重苦涩。第二道茶的烘煮程序与第一道相同，只是在茶杯中加了红糖，其味变甜。第三道茶则是在杯中加入蜂蜜、花生、核桃等，喝过后令人回味无穷。“响雷茶”主要用于招待客人，做法是将新采的茶叶放入罐中烘烤，待茶叶噼啪作响时，快速向罐内注入沸水，此时罐内即会发出雷鸣般的响声，白族人视此为吉祥的象征。

纳西族喜欢喝“阿吉勒烤”，即“龙虎斗”茶，也是颇有意思的饮茶法：将茶汤倒入盛有白酒的茶盅内，有时也加入一点辣椒。这种茶要趁热喝下，味道刺激，让人全身发热，有解表散寒的功效。纳西族盐茶的做法与“龙虎斗”茶相近，只是杯中不放白酒而放食盐。

藏族的酥油茶，是把饮与食有机统一起来的典范。成年人每天要喝十多碗，一些老年人每天则要喝三次：第一次是清晨，在碗里放些炒面或干酪，然后冲茶，此为早点；第二次是中午，除喝茶外，还要吃些烤饼之类；第三次是傍晚，要围着火塘慢慢品，一直喝到快要睡觉为止。酥油茶是一种在茶汤中加入酥油等佐料，再经特殊加工而成的茶汤。酥油茶选用的是紧压茶，将茶煮好后滤去茶渣，再将茶水倒入竹筒内，同时加入酥油、核桃、花生、芝麻、鸡蛋等，用木棍在竹筒内上下抽打，待茶汤和各种佐料混为一体时，就可倒出饮用。酥油茶有消食去腻、醒脑提神、暖身御寒、补充营养的作用。与藏族杂居的纳西族，也喜欢喝这种酥油茶。

现代科学证明，茶叶的组成成分非常复杂，其中有95%是有机物，还有不到5%的无机物及大量微量元素，说茶叶是集日月之光华、聚大地之神韵的灵性之物一点儿也不为过。滇西各民族是对茶有了深刻而透彻的领悟，才把茶融入他们的生活，使饮茶内容变得丰富，饮茶方法变得多样，饮茶要求变得个性化，从而创造出博大精深的茶文化。

百年经典普洱鉴赏会

做蒸饺（多吉彭措　摄）

藏居内的文化事象

四川甘孜州西部的石碉房与云南迪庆州的土碉房是两种不同的建筑，前者为石砌，后者为土筑。但两种民居内的文化事象却大致相同，都是中柱挺立、彩绘满目、雕刻密布，都供奉着神龛和水柜，都以火塘为家的中心。

迪庆土碉房高大宽敞，房屋正面设有九阶木梯，顺梯而上，穿过二楼走廊，就进入一个有着中柱、火塘、神龛、水柜的大厅。大厅是一个彩绘满目、雕刻密布的广阔空间，梁枋、立柱、天棚、桌柜和隔墙，全部雕花敷彩，加之藏毯和卡垫的衬托，给人流光溢彩、绚烂华丽之感。彩绘以卷云纹、水波纹等各种装饰纹为主，间以花卉草木、日月星辰和僧佛故事图案点缀，颜色以红、白、黄、绿、黑为主调，色彩艳丽，对比强烈。甘孜州西部石碉房的正厅虽没有迪庆州土碉房的空间大，但彩绘和雕刻却同样复杂。

迪庆的藏族民众建房要立多根大柱，有8根、12根、24根不等，最多的有48根，给人以“财大气粗”之感。据说迪庆人住房的大小不以平方米为计，而以柱子多少为据。多根柱子中最重要的是挺立于屋中央的中柱。中柱不仅是房屋建筑的重要组成部分，更是被赋予了一种象征意义，因而也就成了装饰的重点。中柱很粗，直径都在1米以上，主体为红色，顶部是雕刻精美的十字横梁，柱头雀替堂面有或红或青的卷云纹和或青或白的镶边，雀替正中有浮雕或彩绘，其中必有佛教人物或传说故事图案。柱上端有黑白竹篾编成的一截笼套，用以插纸花、麦穗、箭旗、松枝等吉祥物。在甘孜州道孚和炉霍一带木雅藏族的观念中，中柱是家的象征，是神灵所依的地方，竖立于他们房中的大柱，雕花敷彩，也是备受崇拜。

水柜在康巴藏族的家中占有重要的位置。迪庆藏居中的水柜很大，往往占据一面墙的位置。水柜的装饰极为华丽，上下左右布满以龙凤、花卉装饰纹为内容的精美雕

在藏族人民的观念中，中柱、水柜、火塘、神龛等，都是他们精神的载体，是与他们的吉祥幸福有密切关系的灵物。

火塘

中甸藏居的室内装饰

以水柜锅台为中心的室内布局

刻。水柜中镶嵌着一个铜水缸，其上挂着铜制水瓢。对水柜的装饰甚至超过了对神龛的装饰，这充分表达了藏族人民的水崇拜意识。

藏族人家的大厅里必有火塘。其上方为贵宾座位，供客人和长辈就座，左边是主妇的位置，其后是厨柜、神龛。火塘上放有一个铁质三脚架，上置桶或铜锅，专供烧水，另有一三脚架供做饭炒菜用。火塘是家道兴旺的象征，是全家人团聚的中心，也是受全家尊崇和敬畏的地方。至今，藏族人依然保留着关于火塘的种种禁忌，如不能向火塘中吐唾沫，不能从火塘上方跨过等，甚至还要在一些特定的节日里对火塘进行祭祀。

在藏族人民的观念中，中柱、水柜、火塘、神龛等，都是他们精神的载体，是与他们的吉祥幸福有密切关系的灵物。所以，他们在古歌中表达了这样的祈愿："祝敬神的香台吉祥如意，愿粗壮的中柱吉祥如意，祝金色的火塘吉祥如意，愿火塘的三脚吉祥如意，祝盛水的铜缸吉祥如意，愿祖先的卡垫吉祥如意……"

水柜是藏居中神圣的地方，
背来的水将被储存在水柜里

华贵绚烂的康巴服饰

康巴藏族女子的传统头饰

藏族人民的服饰，可谓异彩纷呈、绚烂多彩。尤其是康巴藏族的服饰，绚烂中更显几分华丽和富贵，多彩中又不失典雅和庄重。

康巴藏族群体结构复杂，有讲嘉绒语的，有讲木雅语的，有讲安多语的，有讲康巴语的，有讲扎巴语的，所以他们的服饰也是互有区别。不过，作为康巴地域内的藏族，又有其共同的服饰特征，即着藏袍穿衬衣、戴藏帽佩首饰、蹬靴子束腰带。

藏袍是最常见的服装，不论春夏秋冬、不论农区牧区，男女都离不开藏袍。这种藏袍为三幅两襟开摆式，平肩宽袖，左襟覆盖右襟。袍以细毛呢、贡缎或棉布制作，冬装则以羊皮为里、毛呢或缎料为面，讲究的还以水獭皮镶边。牧区冬夏袍都以羊皮制作，有日遮体、夜御寒的作用。这种袍不挂面，下

做工精美的腰带

藏族女性头饰

摆多以豹皮或虎皮镶边，女袍的领口、袖口和下摆一般有红、蓝、黑三色布料镶边。妇女的衬衣是以各种颜色（黄色除外）的绸、丝、绉、缎或布料制作，有高领柱单排扣衬衣，还有双排扣和三排扣衬衣。男式衬衣都为高领柱单排扣。男女的短褂、坎肩多以羊皮、狐皮或狗皮为里，以缎、呢、绒、布为面，也是左襟覆盖右襟，长度到臀部，金丝镶边，紫铜扣，显得紧凑而华贵。

康巴藏帽有金毡帽、狐皮帽和大盘遮阳帽。金毡帽过去是用印度进口的黑色毡呢制作，帽檐处有丝绸装饰，头顶呈半圆形，檐下有两大两小的对称耳翼。耳翼以黑呢为面，皮毛为里。帽筒以金丝缎面为料，以金丝缎做缠枝、卷叶和水波纹装饰。狐皮帽可以整张狐皮做一顶，戴时包缠头部，狐皮头尾相系于脑后，狐皮尾垂于肩。一张狐皮也可分做两顶帽子，狐皮与金丝缎镶嵌，帽筒一边封口，一边开衩，衩口置于脑后。毡笠式宽檐帽以白色毛呢为料，帽顶为圆锥形，多适应农区生活。大盘遮阳帽也称波斯帽，为宽檐，形似汉地遮阳的草帽。还有一种女

康巴农区女子服饰

稻城女子服饰
（多吉彭措　摄）

康巴牧区女子服饰
（多吉彭措　摄）

藏族女性头饰

康巴女子服饰（多吉彭措　摄）

式长筒帽，流行于康定、木雅等地，其上有红、绿、黄三色做装饰。康巴中西部地区男女多流行包头帕，男性普遍包赤色或紫色头帕。男女长发用五彩丝线、毛线与头发搭辫为饰，辫子上多有金银、宝石之类的工艺品做装饰。全藏区的发辫装饰有红、紫、黄、蓝四色，康区多用红色。

藏族人的靴子有皮制和呢制两种，有长短靴之分。康巴藏区流行长靴，靴筒长至膝盖下。僧人的靴子以红皮革和白呢子为料。普通人的靴子以黑、红皮革和红呢子为筒，靴底厚约3厘米，靴帮形似船，靴尖圆形，顶部上翘。靴带宽寸余，有毛织、有丝织，上有各种图案。

康巴藏人无不束腰，腰带或棉质、或丝质、或毛质，长约3米，有单层双层、单色彩色之分。腰围为已婚妇女所用，多以黑丝绸、黑贡缎为面料，宽约50厘米，长约70厘米。

康巴藏族喜戴佩饰，发、耳、项、胸、腰、手都戴满各种饰品，给人珠光宝气之感。其佩饰种类繁多，质地讲究，十分昂贵，是美与财富的集中体现。佩饰的材料种类很多，如金银、珊瑚、玛瑙、翡翠、松耳石、珍珠、象牙等。发辫上系的饰品由珊瑚、琥珀、松耳石、象牙等做成。戒指和手镯多以金银制作，耳环多以金银包珠。项链多为宝石加工成串，讲究长、大、重，是财富的象征。胸前挂的嘎乌盒是佛教的佛龛，由金银制作，嵌珠镏金，雕镂花纹，形如一个小盒。腰饰形若串珠，由金银或宝石制作，银链垂至膝下，上挂钥匙、铃铛等。男女腰间皆佩腰刀，男横插，女竖挂。

传统康北男性服饰

在康巴藏地，婚丧嫁娶、迎来送往、求神拜佛，免不了要献哈达，以表祝愿和尊敬；拜访贵人、迎接朋友、送别客人，也必须敬献哈达，以示敬重和友好。不过，不同场合敬献哈达所表示的意思是有区别的：节庆时互献哈达表示互相祝贺问安；婚礼上新人互献哈达表示互敬互爱；参加葬礼时给亲属献哈达表示同情和安慰；迎接客人时献哈达表示欢迎，送别客人时献哈达表示欢迎再来、一路平安；拜访客人时献上哈达表示敬重仰慕；等等。

哈达象征纯洁无瑕。藏族认为哈达是天上仙女身上的飘带，是纯洁高贵的象征。关于哈达的起源有两种说法：一说来自汉族，传说张骞出使西域时路过藏区每个部落时，都要给首领献丝绸以示友好，藏族人就把丝绸作为哈达敬献，以此表示敬重和友好；一说是当年八思巴法王进京见元世祖时，元世祖赠给八思巴丝绸，八思巴回来后又将丝绸分赠给众多贵宾和朋友，从此藏族便有了献哈达的习俗。

哈达多为白色，也有绿色、黄色，但只能在特定的情况下使用。哈达长短不一，长者四五米，短者一两米。哈达用生丝织成，过去没有图案，现在大多都织有暗花图案，图案一般是佛界常用的八宝吉祥图，如宝瓶、吉祥结、海螺、伞盖、莲花等。

献哈达时，一般要低下头、弯下腰，双手平摊托起哈达举至肩高，恭敬地献给对方；对方伸出双手恭敬地接过，从左方绕过挂在自己脖子上，并表示谢意。同辈同级间互赠哈达时，将哈达捧到对方手上，互赠的哈达应同质。给尊贵的客人、长辈、领导献哈达时，可高举过头顶，身体前倾，将哈达送到对方手中或献在桌上；长辈、上级或高僧接过哈达后也可当场回赠下级或晚辈，这时下级或晚辈要前倾低头，让对方将哈达挂在自己的脖子上。只有给平辈或下级的哈达，才可直接挂在对方的脖子上。

献哈达是藏族重要的传统礼节，这种礼节在人与人之间复杂多样的关系中，分别表达祝福、问候、敬仰、尊重和友善。

献哈达

绚烂文化
影像
香巴拉
XUANLAN WENHUA

妇女们都会纺织，她们将织布的线按序排列后，再上机织布

喧腾的密息会

白依人是一个鲜为人知的彝族支系，人口不足一万，聚居于金沙江南侧鹤庆县夸萼山一带的数十个自然村中。他们身上保留着彝族的某些特征，但又不同于彝族，有着自己独特的族源观念、服饰传统和文化习俗。这些观念、传统和习俗，往往体现于春节、密息会等传统节日的欢庆活动中。

密息会是白依人的族人大聚会，自每年三月十三日开始，由各村逐年轮流办会，数十个自然村的男女老少都会参与。据说，届时数千人欢聚一堂，欢歌弄舞三天三夜，其壮观之情景震人心魄。

为一睹密息会的盛况，我请扎果到洛戈寨赶会时带我同去，他爽快地答应了。

扎果是一个热情健谈的小伙子，一路上他给我讲了许多有关白依人的知识。他告诉我，在白依人的观念中，先祖到此定居不是人为的选择，而是蜜蜂引路领来的，是天意使然。他说他的祖辈都相信这样的传说：先祖在长途迁徙的过程中，苦苦寻觅栖居地而无果，有一天一群蜜蜂来到他们前面嘤嘤唱着，久久不肯离去。他们向前走，蜜蜂就在前面飞；他们停下来，蜜蜂也原处盘旋。他们觉得奇怪，就跟着蜜蜂一直向前走，最终来到了现在这个山清水秀的地方……所以白依人有着强烈的蜜蜂崇拜意识，热爱蜜蜂，视蜜蜂为灵物，并有许多口头传唱的诗歌对蜜蜂加以颂扬。

受蜜蜂崇拜意识的影响，白依人具有强烈的热爱自然、珍惜生命、与自然共生存同欢乐的心理意识。而这种心理意识，又深深地渗透于他们的文化习俗中，表现于歌舞中，呈现于服饰上。

据扎果介绍，白依人视歌舞为生活的重要组成部分，每逢乔迁新居、婚丧嫁娶等，都要有歌手唱歌，有乐队吹拉弹唱。农闲或劳动间歇时，也常会多人聚集一起，或以歌伴舞，或分班对唱。歌唱的内容很广，或歌蜜蜂或颂自然，或唱劳动或咏丰收，或忆往事或诉生活，或赞美德或叹人生。白依人的乐器主要有二胡、笛子、三弦、唢呐、月琴等，村寨中许多男人都会一两样乐器，他们还自发组织演奏班子，到别族村寨做商业演奏。扎果说，他就是演出班子里的一员，

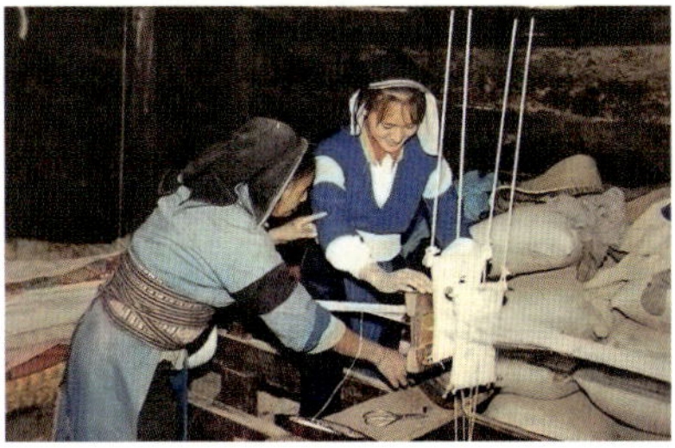

白依老人向后辈传授织布技艺
（奚锡钧　摄）

白依人的蜜蜂装（奚锡钧　摄）

着传统服饰的白依少女

会唢呐、笛子，也会点月琴，能演奏60多种曲调，遇丧事演奏悲哀的调子，逢喜事就演奏欢快的调子。

扎果还说，白依青年男女也喜欢唱情歌，过去姑娘长大了，就要住进寨里的集体“公房”，夜晚小伙子们就去与姑娘对唱情歌，通过歌声了解对方，也表达自己的心愿，爱情就在歌声中产生了。

同扎果说着走着，不觉间翻过两道山梁，前面山坳里就是洛戈寨了。寨前一块山腰台地，一个临时搭就的戏台前的广场上，数百男女老少云集，正在欢歌狂舞。他们有的数十人手牵手边跳舞边转圈，有的男女对立为两排，左右移动地跳着舞步。间或有锣鼓铿锵震响，有音乐雄浑回荡。初见这喧闹的场面，瞬间就感受到了一种生命的原始骚动。

我们在场外数十米处的斜坡上坐下来。我注意到那些唱歌跳舞的白依人穿着整齐划一的服装：男人白色，女人浅绿色，其形如汉族人的旧式长布衫，但两边开衩很高，前后长幅大摆，跳舞时，前后两片衣襟飘荡飞扬。扎果说，这就是白依人的“蜜蜂装”，前后衣襟如蜜蜂的翅膀，是白依人崇敬蜜蜂的体现，这种衣服过去都是用织布机织就的土布缝制的。

待锣鼓、音乐停下来，全场出现了一阵短暂的间歇后，随即又开始了气势恢宏的大合唱，歌声犹如海浪的呼啸，在天地间回荡。人们边歌边舞，数百人簇拥一团，手牵手忽左忽右地跃动，动作粗犷而夸张，如波涛汹涌起伏，其场面之壮阔、情绪之高昂，令人心潮澎湃。

我问扎果，他们唱的是什么内容，扎果说唱的是《苏里峨力鲁》，并给我翻译了几句：“翻过一道道山梁，越过一条条大河，打过了虎狼豹子，挺过了雷雨风暴，是蜜蜂在前面引领，我们才来到这个地方，是满山花香的诱惑，我们才来到这里落脚……”这时，扎果已被那沸腾的歌舞所感染，没心思继续为我翻译了。我注意到他额角微红，血管膨胀，眼睛里如同燃烧着两束火焰。末了，他突然起身，像发疯的狮子一般冲到坡下，钻进人群，与人手牵手舞了起来。他的动作异常夸张、剽悍、刚劲……我被这壮阔的场景震撼了！白依人的歌舞盛会绝然不同于惯常所见的演出，而是歌舞的人多、观看的人少。这才真正是激情的恣意宣泄！这才真正是与天地的同乐！

异彩纷呈的康巴美术

康巴地区的美术有着悠久的历史和丰富的底蕴，既是藏族人民绘画的典范，也是华夏艺苑中的一朵奇葩。

康巴藏画是雪域高原几十代杰出美术家在吸收汉、梵两族之画法，继承古代本波派、噶举派等绘画传统的基础上创造出来的独具特色的藏族美术形式。康巴绘画有壁画、轴画、雕刻画、印版画、堆画、曼荼罗、绸缎画、酥油画等十几个种类。壁画多用于寺院经堂，是把连续性的故事情节用许多场面绘制到一幅或几幅画面中，画中央一般为故事主人翁肖像。轴画就是通常所说的唐卡画，绘在绸缎或棉布上，用丝绸镶边，木轴装饰有金银，大的画幅可达数百米，小的仅有数寸。雕刻画内容多为时

雕刻艺人

德格印经院门头彩绘

轮大法图案、无量光佛极乐世界、莲花生大士红铜静地山等，画中各种鸟兽和动物相互追逐，造型生动可爱。雕刻画以石雕画居多，在康北高山峡谷中随处可见。印版画是白描手法的木刻画，把图案刻在木板上，以便大量印刷。堆画多用于装饰寺庙佛道具、法座、神龛和家具，以纯度好的青、橘红、淡黄做底色，绘出虎、狮、龙、凤、八宝和七珍等图案，用金粉和银粉做陪衬，有立体效果。曼荼罗是佛塔内层次复杂的曼荼罗结构上的绘画图案。这种图案是按藏传佛教显乘和密乘经典提出的原理和尺度要求所绘制的，内容有佛教所说的大地的

护法神像

绘制唐卡画

中心须弥山和四大湖等富有奇幻色彩的宇宙形成图案，也有装饰性的几何图形。绸缎画是用各种颜色、各种形状的若干块小绸缎片，按唐卡画的要求，将故事情节、人物姿态、神情服饰连缀成画。酥油画是大型佛事活动或民间节庆时做供品或摆设品之用的绘画形式，以历史人物、花卉或吉祥图案造型为主，用合色酥油捏塑而成。此外还有细砂画、回文诗画、铸模画、雕塑画等。

康巴绘画最显著的艺术特点是采用鸟瞰式散点透视法，将上至天界、下到地狱，上下几千年不同时间、不同地点的不同故事绘制在有限的空间内，构图上讲究对称和疏密布局，重视情景交融，注重营造可望可游的意境。绘画时多使用铁线，线条粗犷豪放、单纯明朗。色彩运用方面重视单色、闪色、大红大绿和金色，画面色调对比强烈，浓重而艳丽，热烈而简洁。

康巴绘画的题材涉及社会生活、风土人情、历史人物、天文医学和装饰图案，但还是以宗教内容为主，如佛像画、传承祖师和高僧大德的肖像、护法神祇画、佛教故事画等。被称为“藏文化三大发祥地之首”的德格印经院大门内两侧墙壁上的绘画，就是典型的康巴藏画。右侧的绘画为《生死轮回图》，是对佛祖提出的生死轮回说的形象阐释，图上有三层圆圈，象征十八层地狱：八热地狱、八寒地狱、近边地狱和孤独地狱。图中心的鸽子、蛇、猪三种动物互为吻尾，分别表示组成世界的三种存在：贪欲、愤怒和愚昧。第二圈分为六大部分，也称为六道众生：地狱界、饿鬼界、人类界、天神界、阿修罗界、畜生界。第三圈（外圈）为十二因缘，也就是佛祖指出的十二缘起支、十二有支、十二缘生支。左侧的绘画为《宇宙形成图》，是对佛经中宇宙形成学说和天文地理观念的形象再现。

康巴画派又称噶玛噶孜派、噶孜派，形成于15世纪，传承画师都是噶玛噶举派高僧，创始人被公认为是南喀扎西活佛。他以梵式铜像为摹写范本，吸收汉地丝轴画艺术，将许多现实题材融入画的背景，以工笔重彩技法绘制唐卡，创造了崭新的风格。在他之后还有曲吉扎西、噶玛扎西，他们一起被称为“噶孜三扎西”。到17世纪，噶孜画派风行康区，涌现出一批著名画师，其代表人物为八邦寺第十世噶玛巴曲英多吉、南卡杰、八邦寺第一世司徒曲吉迥乃等。曲

康巴绘画历经500多年的发展，众多德高望重的高僧巨匠和民间画师，用绝世的工巧、纯粹的心灵创造了难以计数的艺术珍品。

寺庙雕塑

英多吉吸收汉地山水绘画艺术，把自然界山水、树木、花草、建筑等景象融入画中，为噶孜画派开创了新的境界。南卡杰的画画风清新，线条精细，也是将世俗生活中的人文和自然景观融入了绘画作品。司徒·曲吉迥乃不仅本人擅长绘画，还培养了一批杰出的绘画人才。这个时期噶孜画派最大的特点是美学思想活跃，注重写实手法，构图自由多变，素材多从生活中提炼，注重人物造型个性化，以及景物描绘和意境渲染。噶孜画派的形成和兴盛主要是在西藏昌都的噶玛寺、四川德格的八邦寺和青海玉树地区，因而这三个地方被称为康巴画派的三大绘画基地。17世纪时，还有一些佛学大师和高僧，如第十四世噶玛巴胜秋多吉、佛学家米旁·朗杰嘉措、八邦寺贡珠颜登降措、甲玛美真等人，就一直致力于噶孜派绘画的研究和教学，并产生了许多绘画著作，如《阐述亮度无意宝》《阐述太阳光》《色彩学》《轴画学》《智者绘画史》《构图与比例》《绘画哲理》《绘画与细作知识》等，使噶孜派绘画形成了系统的理论体系。

到了19世纪和20世纪前期，把康巴绘画推向一个崭新阶段的，是通拉泽翁、普布泽仁等一批藏学家和高僧。通拉泽翁不仅精通佛学、医学和文学，著有许多著作，还是一位杰出的画家和美术理论家。他发扬传统，集各家之长，用惊人的智慧和超常的创造力把藏族绘画艺术推向了一个新高度，赢得了“雪域高原神奇画家”的美誉。通拉泽翁10岁时因舅舅送给他《和睦四端》和《六长寿图》两幅版画而与藏画结缘，并出家到八邦寺学习绘画，15岁参与了呷拖寺《著名上师传记》系列轴画的绘制。1932年他到西藏色拉寺佛学院进行佛学因明学深造，后担任了十六世噶玛巴的

酥油捏塑花

民间雕塑（多吉彭措　摄）

秘书。40岁后他的画艺趋于成熟，回到八邦寺后陆续绘制了《噶举派大师传记》系列唐卡150多幅，并为德格印经院绘制了《释迦牟尼师徒三尊》《十六罗汉》《四大天王》等重要作品40多幅。直到1988年去世，他亲手绘制有大小唐卡画和壁画9000余幅，培养弟子1000多名。他的很多作品被视为康巴绘画的典范，如为八邦寺顶楼绘制的《金刚大持》及大门两侧的《四大天王》和《生死轮回图》、37岁时绘制的《释迦牟尼神变》15幅唐卡、40岁时绘制的护法十三尊佛系列轴画、45岁时绘制的噶举派大师传记系列轴画、55岁时为德格印经院绘制的系列印版画、68岁时为八邦寺印经院绘制的《莲花生大士八相》系列印版画等。这些作品在国内外美术界产生了很大的影响，已成为珍品、绝版。20世纪后期，又有一批技艺高超的画家出现，他们继承传统，汲取新生活营养，不断探索创新，使康巴画坛再度焕发勃勃生机，其中一批画家的作品在海内外都享有盛誉，为中国美术史描下浓墨重彩的一笔。

康巴绘画历经500多年的发展，众多德高望重的高僧巨匠和民间画师，用绝世的工巧、纯粹的心灵创造了难以计数的艺术珍品。这些作品以其鲜明的地域风格、醒目的民族特色、丰厚的文化内涵形成了独特的康巴画派，在藏族美术、中华美术和世界美术的圣殿里可谓独领风骚。

藏医使用的部分医疗器械

神奇的康巴医药

青藏高原东南缘的康巴地区是藏区开发较早的地区之一，这里的藏族人民以惊人的智慧创造了光辉灿烂的文化，其中南派藏医药就是他们灿烂文化中的一颗明珠。

藏医药是历史悠久的传统医学，早在本波教在雪域高原盛行时，藏医药就依附宗教开始发展，距今已有3000多年的历史。公元前3世纪以前，藏医药就有了“有毒就有药”的理论。公元4世纪，印度有5部医典传到了藏区。公元5世纪时，藏区流行最广的医学著作是《本医》，这部医典较系统地记载了疾病治疗方面的经验。公元6世纪，中原医学传到了藏地，公元7世纪文成公主进藏时，又带去了404种疾病疗方、5种诊断法和4部中医医典。公元8世纪，藏医药在中外、古今医学理论的推动下有了迅速发展，出现了一大批在理论和实践方面有杰出贡献的高僧和专家，以德格为中心的康北地区也出现了医药学人才辈出的盛况，并留下了许多医药方面的著作。其中杰出的代表就是藏区医药理论体系奠基人宇妥·云丹贡布，由他搜集、整理的《四部医典》是藏医药历史上划时代的巨著，今已被列入《中国档案文献遗产名录》。云丹贡布以后，人们便以《四部医典》的理论指导诊病和配药。从德格印经院整理出的医药文献经版就有3300多块，可见当时医药理论的普及。

藏医药的医疗体系理论与中医有同有异，其配方则独具特色，颇有几分神奇。藏成药以金属、矿物质和动植物为原料，这一理论最早由米钦·伍金巴于1270年提出，1672年五世达赖对这一理论进行实践并取得了成功。1732年司徒·曲吉迥乃再度完善了“水银炼化仁青系列”的理论，并在实践上取得重大突破。这种系列成药的配制方法是：将水银经过去污、熏毒和火炼三道工序后，配制成水银炼化和煅灰，其中煅灰是名贵的主要配料，其后再分别配以黄金、白银、黄铜、紫铜、铁、锡、磁石、雄黄等原料，最终制成系列藏成药。这种系列藏成药因配方不同、原料比例不同而具有不同的功效，至今仍然在使用。这种方法看似奇异，却有

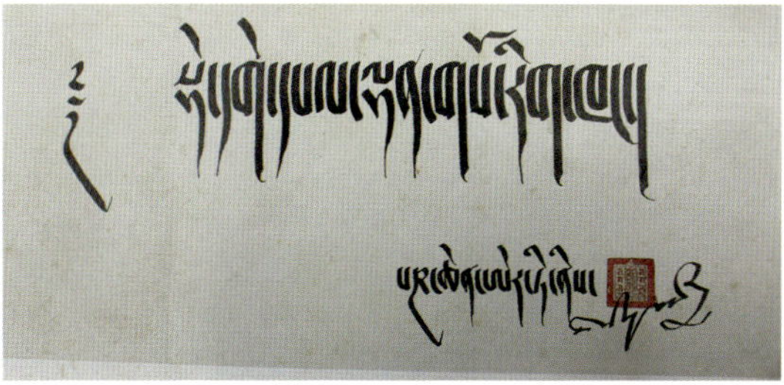

十世班禅为德格藏医院的题词：“文明藏医院”

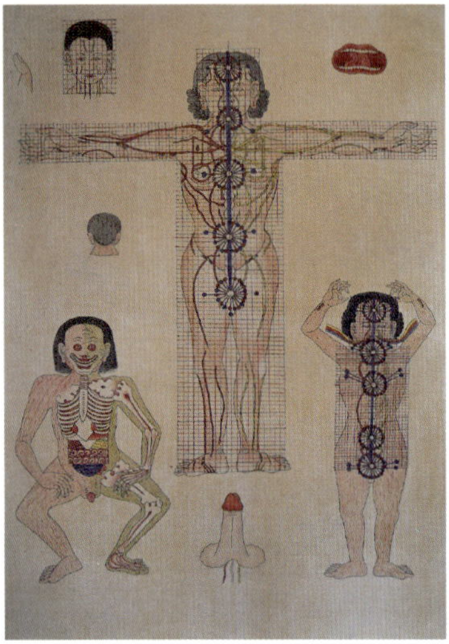

藏医教学用的人体解剖图

很好的疗效，一直为广大藏族人民所公认。

康巴藏地最早的医疗机构是500多年前更庆寺成立的专为僧人治疗的医疗组，随后为各寺纷纷效仿。他们以藏医药为主体，辅之以推拿、按摩、火罐、藏灸、发汗等多种治疗方法，总结了丰富的经验，并形成了多部著作。在各寺庙医疗组中，独有更庆寺医疗组的临床效果最好，学术成果最丰，在雪域高原赢得了广泛的赞誉。中华人民共和国成立后，在政府的关心支持下，在更庆寺医疗组基础上组建的藏医院，已成为德格县藏医医疗、教学和科研的基地，为昌都、玉树、甘孜州各县的藏医院培养了大批人才，1987年还被列为国家“七五”期间重点科研单位。至今，这家藏医院依然使用传统的藏药配方，其自制的“十七味珍珠丸”“仁青章觉”系列藏成药是康

康巴地区是藏区开发较早的地区之一，这里的藏族人民以惊人的智慧创造了光辉灿烂的文化，其中南派藏医药就是他们灿烂文化中的一颗明珠。

藏药加工

藏药加工

巴藏地公认的名药，对肝胆、脾、胃、风湿、中风方面的疾病有显著疗效。1986年9月，十世班禅亲临德格藏医院视察，并题写德格“文明藏医院”的题词。

古医学典籍

石宝山石窟石刻佛像

王国盛世的定格

在大理，白族作家老李给我介绍了多处游览的去处，唯有剑川县石宝山的石窟造像让我产生了浓厚的兴趣。据他介绍，那些石窟造像都是几千年前的作品，凝结着南诏和大理国的历史。

石宝山很远，在剑川县西南25千米之外，是个方圆几十里的风景区，由海云居、宝相寺、石钟寺三处佛教寺庙组成。寺庙建筑或卧山麓，或居悬崖，构成了曲径回廊、红墙青瓦、绿树翠溪相互映衬的奇妙景观，是当地群众游览的好去处。每年农历七月二十六至八月一日，那里要举办歌会，人们便呼朋唤友前去拜名胜、赏风光、赛歌喉，届时处处彩衣飘飘，时时欢歌笑语。不过我们顾不上欣赏名山名寺，只希望早早目睹岩壁上那些南诏、大理国时期的艺术瑰宝，便径直向石钟山去了。

老李说，石窟分布于石宝山的支脉石钟山的石钟寺、狮子关和沙河村三个地区的岩壁上，共有17个窟，140多尊造像，绵延六七里。其中有南诏三代王者石像，造型生动，内容鲜明，形象地再现了南诏的历史。为了让我按历史顺序一一目睹那些造像，老李先带我到了狮子关第一窟。那里有南诏第一代君王皮逻阁的造像。皮逻阁是公元7世纪初期滇西蒙舍诏首领，他在唐王朝的支持下消灭了另外五诏，建立了统一的南诏政权。传说五诏首领都是他的兄弟，他借祭祖的机会一把火点燃了松明楼，将应邀前来赴宴的五诏首领全部烧死。随后他尽收四诏领土，完成了统一洱海的霸业，建立了强大的南诏政权。此后南诏势力不断扩大，地盘不断扩张，便开始与唐王朝分庭抗礼。这么一个开国君主的造像应该是满身杀气的，但眼前石窟里皮逻阁的全家造像却是很人性化的：王和王妃的中间及两边，是三个小孩，身后有一男一女，女者手持扇，男者手持笔，据老李说是侍从。奇怪的是侍从为坐姿，颇有与主人平起平坐的意味，看不出森严的等级，显然这个时期的南诏还没有受到汉文化等级制度的影响。

随后来到石钟寺，老李说先看第二窟，因为那是南诏第二代君主阁罗凤及群臣的造像。阁罗凤是皮逻阁的儿子，他于公元752年迁都白崖城后，就与吐蕃缔结了政治军事同盟关系，被吐蕃册封为东帝，号赞普钟。玄宗时期唐朝派鲜于仲通和李宓两次率20万大军征讨南诏，都惨遭失败，李宓在全军覆没后投江自尽，成为唐代历史上的一次悲剧事件，杜甫、白居易等人都曾写诗描写这次战争，对被俘后遭南诏杀害的唐军将士表示哀悼。阁罗凤将杀害数万俘虏一事解释为“为情势所迫”，随即将唐军尸体安葬并竖碑以供人祭祀，至今那个地方仍被称为“万人坑”，笼罩着一派肃杀的气氛。然而这位君主的坐像既不彪悍也不冷酷，雕刻者强调的是其王者的做派：头戴雕镂玉冠，身着宽袖描龙长袍，群臣左右侍立，周围雕花饰草、刻龙饰凤，王者尊贵尽显，贵贱等级昭然。

石钟寺第一窟里是阁罗凤的儿子、南诏第三代君主异牟寻的造像。据老李介绍，异牟寻治国方略中贯穿了浓厚的反战思想，他迁都羊苴咩城后，即遣使赴长安称臣，表示永不反叛，从而换来了长期的和平与稳定。这个时期的南诏，疆土面积扩大，经济文化空前发展，民族众多，社会稳定有序，是南诏历史上的鼎盛时期。所以异牟寻的造像雕刻精细，极尽渲染美饰，显示出那个时代的辉煌。在异牟寻石像旁，还有多尊宗教人物形象，如观音、阿难、迦叶、文殊、普贤等。这些神像神态各异，个性鲜明，有的端庄、有的含蓄、有的雍容、有的婀娜。这些神像告诉我们：异牟寻是个崇佛的君王，因而也正是在那个时期，佛教开始在南诏普及并扎下深深的根须。

公元902年南诏灭亡，在此后100多年的历史中出现了三个小王朝。其中“白蛮”贵族段思平先后荡平各地势力，成为一方霸主，建立了历史上著名的大理国。大理国延续了300多年，先后传位22君，其中有10人在国王位上避位当了和尚，堪称佛教史上的奇迹。君王信佛，必将导致全民崇佛。元人李京在《大理纪行》中曾描述了元代大理人崇佛的情形：“……家无贫富皆有佛堂，人不论老壮，手不释数珠，一岁之间斋戒几半……”到了明清，大理境内更是佛寺林立，香火旺盛，形成了全民崇佛的盛况。这种历代信佛的风尚就是从异牟寻时代开始的，所以也就能解释为什么他的雕像旁会有那么多的佛界神像。

岩崖石窟里还有许多石像反映了南诏和大理国时期的社会生活。经老李讲解，我辨清了那些形态各异的雕像，有印度僧人，有波斯商

石宝山石窟南诏第二代君王阁罗凤及下臣造像

人，有讲经的维摩诘，有形态如醉汉的观音，有穿草鞋的天王，更叫人惊奇的是石钟寺第八窟里神像之间的一个巨大的女性生殖器造型。老李说这里白语叫“阿央白”，意为婴儿出生的地方，附近常有群众前来跪拜求子，常以手抚摸，将其打磨得十分光滑。想必当初雕凿是为了张扬人性、颂扬生命吧——不禁让人想起欧洲文艺复兴时期那些矗立于大街上的男性裸体雕塑。

石宝山的石雕全部雕凿在红砂岩上，造型丰满，线条柔和，既有唐宋之风，又有东南亚文化和藏传密宗的格调，透射出一种历尽沧桑的神秘，闪烁着一种纯朴静穆的光辉。这种岩石肌理粗糙，由火山熔岩凝结而成，呈现出一种焦糊而苍老的龟裂纹，用以定格历史画卷，更显沧桑而久远。这些石像是从南诏中期到大理国中期陆续完成的，工匠们孜孜不倦地雕刻了300多年，最终将他们的精神凝结在这具有灵性的象征物上。为什么他们的信仰能持续300多年？为什么他们的追求能持续300多年？老李说，这是因为古代生产力水平低下，一桩宏愿往往需要很长时间才能完成。我说不尽然，古代人是为信仰而雕刻，为神而雕刻，所以能持续几百年而不懈，如果是为功利而忙，仅仅持续几月几年便没有了耐心和毅力。

创世史诗，
民族精神的支柱

史诗英雄格萨尔

在滇西，几乎所有少数民族的先民都根据本民族的族源历史、文化背景和风俗民情，创作了大量的诗歌、故事和传说，反映了本民族漫长而艰辛的繁衍生息历程，讴歌了辛勤创造、英勇不屈的精神，表达了向往光明、追求理想的愿望。在这些作品中，年代久远、题材厚重、结构宏大且可以世代传唱的就被称为史诗。其中，以记述人类诞生、族源形成为主要内容的被称为创世史诗。

纳西族史诗人物绘画

尽管各民族的历史文化、地理环境和生存状态千差万别，但他们的创世史诗的主题、结构和情节却非常类似，大都反映了天神开天辟地，创造先祖、创造万物，先祖历经艰辛曲折得以繁衍生息并开创家园的内容。如纳西族的创世史诗《创世纪》，说的就是在天地混沌时代，几种因子经过多个过程的融合幻化，变成太阳月亮，又经过变石、变气等过程，变成了天神依古阿格和恶神依谷丁纳。天神有九兄弟七姐妹，他们开天辟地、造山撑天，才使山上妙音与山下白气合生白露，变海变蛋，最后生出人祖，经九世而有了崇忍利恩兄妹。利恩兄妹匹配，产生秽气，招来滔天洪水，幸好得到阳神帮助坐皮鼓逃生，但利恩却不听阳神劝告而娶了美貌的竖眼天女为妻，结果生下了蛇与蛙。后来他与天女衬恒褒白相爱而到了天上，但褒白之父、天神孜劳阿普忌恨世人，多方刁难他，要他过刀梯，要他一天砍完九十九座山上的林、一天烧完九十九座山上的树、一天种完九十九座山上的地。利恩在褒白的帮助下战胜这些困难后，和褒白结了婚，历经种种艰险，经过多次迁徙来到了英古敦（丽江）定居。但他们生的三个儿子都不会说话，利恩就派蝙蝠去问孜劳阿普，蝙蝠用计偷听到了秘方，后来用秘方祭天，三个哑巴同时用三种不同的语言说话了，他们分别成为藏、白、纳西三个民族的先祖，从此子孙繁衍，民族兴旺。

其他民族的创世史诗，都是从天神创造人写起，独有纳西创世史诗从天神产生之前起笔，把混浊世界的物质转换描绘成极为复杂而漫长的过程，从因子开始，经过十多次的幻化，最后才出现人祖。这个漫长的过程，反映了纳西先民在创造神话传说时企图解释物质起源所作的哲学思考。先祖为了回到人间，又历经了种种艰难曲折，这其中包含的思考和想象，则折射出纳西先民对族源、人种、生命和生活等诸多重大问题的认识和感受。这些思考和认识千百年来一直影响着他们的心理、性格、风俗和生存状态，至今，在纳西族的自然观念、环境观念、生存观念、民族观念和婚育观念中，依然可以找到创世史诗留下的印记，纳西妇女腰饰、头饰上的日月星辰和蛙形披肩就是源于创世史诗。

彝族是中国少数民族中拥有870万人口的大族，仅在大小凉山

彝族史诗故事绘画

一带就有160万人之多，他们有自己的语言和文字，留传至今可称为史诗的作品很多，尤以《勒俄特依》最为著名。这部创世史诗是彝族神话与传说的大荟萃，为历代传颂，妇孺皆知。诗中讲述了先祖开天辟地、征服自然、创立家园、战胜灾害的故事，塑造了多个智勇双全的人物形象，内容涉及天地的形成演变、人类及万物的起源和繁衍、彝族社会的产生发展和彝族文化的形成，主要篇目有《古候·曲涅的迁徙》《阿依楚屏》《火把节的来历》《彝族年的来历》《人为什么会说话》《悼唁主子》《打鱼》《惹底索虎与妖婆》《猴子与蚱蜢交战》等。从这些篇目名称中，就可以想到史诗中所包含的内容。

纳西族和彝族的创世史诗不仅作为文学作品在民间传唱，还作为宗教的经文，由祭师或经师在祭祀过程中吟诵，这就给创世史诗蒙上了一层神秘的面纱，使其具有了庄严性和神秘性，也增强了其影响力和感染力。

多个民族的史诗中都有人类先祖诞生于葫芦中的传说。图为拉祜族创世史诗绘画

生活于滇西南边地的拉祜族，是以猎虎来展示其勇猛的民族。他们有语言而没有文字，史诗是靠千百年的口头传唱而流传下来的。创世史诗《牡帕密帕》讲了这样一个故事：在没有日月星辰的混浊时代，天神厄莎做了四根柱子撑起天，使天地分离，又创造了日月给它们光芒。天地间没有水，厄莎带着她的助手扎罗和娜罗挖河开塘，并撒下种子使大山变绿，又划分了季节，让树木开花结果，还种出了葫芦，葫芦里走出人类的祖先扎笛和娜笛，厄莎让他们结为夫妻，教会他们生活，为他们的孩子取了名。又教会人类使用火，教他们狩猎、制造农具，并为他们制定了原始的分配制度，让他们幸福生活……这个用诗歌形式写成的神话故事，涉及拉祜族古代广阔的社会生

创世史诗虽然都是神话，但由于历经千百年的流传吟唱，产生了广泛而持久的影响，成为少数民族传统文化的主流和支柱，在民族观念的形成和民族心理的孕育中起到了导航定位、催生定型的作用。

活领域，不仅有开创天地、繁衍人类的想象，对制造工具、发展生产、分配制度也有生动的反映。全诗以不同情节、从不同角度歌颂了勇往直前、坚韧不拔的创造精神，对平庸、懒惰和投机持否定态度。主人公厄莎对美与丑、善与恶怀有鲜明的态度，既是一个创造万物的组织者，又是一个辛勤奔波、身体力行的劳动者，是可亲可敬的理想化身。

拉祜族人居住于深山，环境闭塞，又没有文字，听歌手吟唱古歌就是他们文化生活的主要内容，因而这首长诗对拉祜人产生了极其深远的影响。他们身上的那种善恶分明、勇往直前、坚韧不拔的精神与史诗中主角厄莎的形象一脉相承，在他们的生存状态、家族观念、分配制度和风俗人情中都可以看到史诗中内容的反映。至今，拉祜族人都以葫芦为圣物，许多人家喜欢高高悬挂一些葫芦，这都是因为史诗中有先祖从葫芦里中诞生的缘故。

独龙族人栖居在滇西北最偏僻的独龙江峡谷，北为青藏高原，南为缅甸，东西两侧有茫茫雪山相隔，生存环境险恶，直到20世纪50年代，他们还处于刀耕火种的原始时代，与外界沟通的唯一的一条马帮小路还是20世纪60年代才开通的。然而，就是这样一个生存环境极其艰辛、总人口还不足五千的民族，创造出一首堪称创世史诗的古歌代代传唱。这部名为《创世纪》的史诗讲了这样一个故事——

远古时候，最大的山鬼格蒙为没有人间烟火而感到寂寞，就在格瓦格布山上一个叫肯不当的地方泼下一盆鬼血，用血和泥捏成泥人，又施法让泥人变成了男人和女人。那时人鬼共处，为了使人鬼分离，天下发了洪水，一切生灵都被淹没，只剩下两兄妹躲在一个岩洞里得以幸存。后来他们生下九男九女，九男九女又结成九对夫妻，生起九个火塘。后来兄弟间发生分歧，父母让他们分开，沿九条江顺江漂流寻找新的栖居地，其中一对兄妹留在了独龙江峡谷，就成了现在独龙族人的先祖。

如果你要问独龙族人的先祖来自何方，他们会庄严地仰望着江东高黎贡山脉的格瓦格布峰，说那是先祖诞生的圣地，先祖是鬼血变成的。在独龙人家的火塘边，在寂寞的深夜，他们还会这样唱着他们的古歌："九条江去的都是我们的兄弟，头发黑黑的都是我们的同胞，这是很古很古时发生的事，故事就是这样说的，古歌就是这样唱的……"独龙族人相信他们这与世隔绝的峡谷是神圣的，虽然环境极端险恶，但抬头就可看到先祖诞生的圣山，栖居在这里是天神的意愿，是祖先的安排。他们安于命运，在这光照少、平地缺、潮湿而瘴气弥漫的地方，把生存意识扩展到了极限：在陡坡上修建茅草小屋，在高山上开垦火烧地，在江河上架起藤索桥……

创世史诗是各族先民创造的璀璨夺目的文化，是各民族思想和感情的表达。因为表现形式是神话，所以就有了人类童年时代绚丽而浪漫的幻想，并回答了人类的诞生繁衍、种族起源和家园形成这样一些重大问题。也正因为是神话，就更容易承载各民族的思想观念、审美情趣和生活习俗，就具有了主题宏大、哲理深邃、想象奇丽的特点。

创世史诗虽然都是神话，但由于历经千百年的流传吟唱，产生了广泛而持久的影响，成为少数民族传统文化的主流和支柱，在民族观念的形成和民族心理的孕育中起到了导航定位、催生定型的作用，在人们的生存状态中起到了提示、规劝和引导的作用。所以说，创世史诗是民族精神的支柱，是华夏文明的奇葩。

大理怀古

大理古城

白族学者老李告诉我，到了大理，就不能不去古城里看看。

大理古城既是茶马古道和南方丝绸之路的必经之地，又是中原文化、吐蕃文化和南亚文化汇聚的焦点。自公元792年南诏第三代君王异牟寻在此建立羊苴咩城，到元代铁骑征大理，这里作为南诏和大理国建都的地方，曾有过400余年的繁华和喧嚣，各种文化在这里相互渗透、碰撞、融合，产生了独具特色的文明。当元末羊苴咩城因兵灾最终崩裂而成为一片瓦砾时，大理人再创辉煌，从明洪武十五年（1382）开始，又重修了这座古城，并一直作为地方政府的治所。

古城东临洱海，西临苍山，方圆十余里，呈棋盘式格局，有“九街十八巷”之说。在这里，不仅有明清时代的青石板路、白族“三坊一照壁”式民居，更有千年古迹透过时间的尘埃，让人感受到它们的古朴和别致，体味到滇西古国多彩而波澜起伏的历史。

老李是个热心人，他陪我在古城深街幽巷里转悠了大半天。每见到一处典型民居、商铺、作坊或书院，见到那些飞檐翘角、斗拱彩绘和木雕砖拼，都一一给我讲解。末了他告诉我，看大理古城，还应该到城墙上去，到城楼上去。

高约7米、宽约6米的城墙虽为现代重修，但铺地砖砖缝里生出的凄凄荒草，却颇有一番古韵。从城墙上望去，古城青瓦屋面鳞次栉比，街巷纵横，很有一番规模。登上城楼西望，蒙蒙烟雨中看到的一片田野和村落，就是古城诞生前南诏和大理国曾作为都城的羊苴咩城的遗址。那座都城仅仅存在了不到

400多年就倾颓了，只剩下一段千余米长的残败的墙垣，横亘于荒野，横亘于岁月的路边，为后世证明了那座都城曾经的存在。

老李说，关于羊苴咩城的史料不多，现在已很难了解那时社会生活种种鲜活而生动的细节。但我们完全可以想象，作为一个各种文化汇集融合的都城，作为一个地处交通要冲的大都市，当年定然是街市林立，人口稠密，商贸繁忙，白天喧腾不止，夜晚灯火万盏；定然是满街行走着中原人、南亚人、吐蕃人和本地的土著人，他们着不同服装，操不同语言，信仰不同的神灵；定然是马帮川流不息，或来自雅鲁藏布江畔，或来自澜沧江下游，或去往中原大地，或去往印度、缅甸……

洱海（何乐　摄）

洱海

遥想滇西古国的历史，就不能不想到影响其历史发展的几个人。第一个就是公元7世纪初期滇西蒙舍诏首领皮逻阁，他在唐王朝的支持下灭了其他五诏，建立了统一的南诏政权。后来他的势力日益强大，便与唐王朝分庭抗礼。第二个是皮逻阁的儿子、第二代南诏王阁罗凤。他与吐蕃缔结同盟关系，被吐蕃册封为东帝。玄宗年间唐朝派鲜于仲通和李宓两次率大军征讨南诏都遭惨败。发生这一历史悲剧的战争被称为“天宝之战”，唐代诗人李白、杜甫、白居易都曾为此写诗抒怀。白居易《新丰折臂翁》一诗这样写道：“无何天宝大征兵，户有三丁点一丁。点得驱将何处去？五月万里云南行……应作云南望乡鬼，万人冢上哭呦呦。”第三代南诏王异牟寻是一位具有浓厚反战思想的君王。他曾遣使赴长安称臣，从而换来了南诏长期的和平与安定。这一时期的南诏经济文化空前繁荣，疆土也迅速扩展，东到今贵州，南到今越南。公元902年，南诏灭亡，此后的100多年间出现了三个小王朝，其中“白蛮”贵族段思平势力最盛，先后荡平各地势力而成为一方霸主，建立了历史上著名的大理国。大理国延续300多年，先后传位22君，直到元朝军队南征云南时灭亡。

从南诏第三代君王到大理国第二十二代君王的400余年岁月里，羊苴咩城作为都城，上演了一幕幕跌宕起伏的历史活剧；作为文化大都市，给后人留下了一笔笔宝贵的精神财富。据老李介绍，大理人崇尚佛教就是从南诏异牟寻迁都羊苴咩城后开始的。此后的大理国更是崇佛有加，上至君王，下至百姓普遍信仰佛教，段氏传国22君，竟然先后有11人避位当了和尚。公元1026～1238年的200余年间，13位国王中有7位出家当了和尚。公元1080～1097年的十多年间，王位传递频频发生：段寿辉当了一年国王后要去修行，将王位传给段正明；段正明当了一年国王后因政绩平平遭到非议，又丢下王位去当了和尚。在国中无主的情况下，人们又拥戴高升泰做了国王，段氏王朝变为高氏王朝。但高升泰临终时又诫其子把政权还给段氏，其子一年后又把权力交给了前国王的弟弟段正淳……王权屡屡的转移居然没有刀光剑影，都是在平静友善的氛围中进行的，这在历史上的确算是奇事了。为什么会出现这种状况？或许正是由于佛教精神的浸润，君王和臣民们似乎更热衷于精神领域的修炼，更愿意沉迷于文化和艺术所致。

君王崇佛，必将导致全民信佛。元时大理境内“家无贫富皆有佛堂，人不以老壮，手不释数珠，一岁之间斋戒几半……”到了明清，大理境内佛教发展到了鼎盛阶段，仅鸡足山就有三十六庵七十二小寺八大寺院。

我问老李，那11位国王出家是

落脚在哪个寺庙里的？老李说天龙寺，就是金庸小说里的天龙寺，现在叫崇圣寺，初建于南诏时期，后因大理国王隐修于此，一时名声大噪，香火旺盛，扩修得极为壮观，但后世不知何时何因被毁，现在只剩下寺前的三座塔了。

苍山下的崇圣寺三塔

大理木雕

精美的大理建筑装饰

顺着老李的指点向西望去，只见苍山中有三座高塔巍然高耸，塔身呈土黄色，在青山的映衬下显得分外醒目。这就是闻名遐迩的大理崇圣寺三塔。据老李介绍，三塔为一大两小，呈“品”字形分布，大塔居前，高约70米，为十六级四方形密檐式空心砖塔，塔基面积达1500平方米，塔身为环筑厚壁式结构，各层高度逐步降低，上下贯通，内设木质楼梯，相传为唐代仿长安大雁塔形制建造。小塔建于大理国时期，比大塔晚200年，高42.2米，形似锥状，为十级八角形密檐式空心砖塔，各层塔身均饰以浮雕，造型独特。三塔已历经百年沧桑，它们默然静立，真是看尽了岁月的滚滚烟尘，看尽了生灵的生生灭灭。

大理古城，真是个遗址古迹荟萃、文化积淀深厚的地方。在这里徜徉，就仿佛时光在倒流，将我们送进了历史的深处，那里正上演着一幕幕历史活剧。

大理古城

大理白族歌舞

在这里，不仅有明清时代的青石板路、白族“三坊一照壁”式民居，更有千年古迹透过时间的尘埃，让人感受到它们的古朴和别致，体味到滇西古国多彩而波澜起伏的历史。

崇圣寺三塔　金庸小说《天龙八部》里的天龙寺即指崇圣寺，始建于南诏时期。到大理国时，从国王到百姓都极为崇佛，先后有多位国王避位到天龙寺修行，因而该寺一时香火鼎盛，闻名于世。该寺后来被毁，今原址所在的崇圣寺规模不大，但寺内保存下来的崇圣寺三塔却很有名，被视为大理历史文化的象征。三塔呈鼎足布局，大塔居前，全称“法界通灵明神塔”，唐朝建造，高约70米，为四方形密檐式空心砖塔，塔顶覆有金属塔刹宝盖、宝顶，饰有八角形法轮纹饰和吉祥图案。塔基座呈方形，东西面正中有石照壁，上有明代黔国公孙世阶题写的“永镇山川”四个大字。居大塔之后的西南和西北两座小塔均高42.2米，始建于大理国时期。塔体形状似锥，各层塔身饰有浮雕。

周城与喜州　大理新城下关北38千米处、滇藏公路边有一个云南最大的白族自然村周城，前临洱海，背依苍山云弄峰，与著名的蝴蝶泉相邻。这个村以扎染而出名，曾被中华人民共和国文化部授予“白族扎染之乡”称号。这里的扎染工艺地道，色彩明快，图案古拙。周城南5千米处有著名的喜州，古称大厘，最初由“河蛮”所建，后为南诏王皮逻阁攻占。南诏国时，该城人口稠密，工商业发达，也是军事重镇。喜州保存至今的民居为典型的白族建筑风格，挨家挨户连绵成群。这些民居多为“三坊一照壁”和“四合五天井”式，为砖木结构，墙体粉白，青瓦覆顶，挑檐飞角，斗拱重叠，门窗花坊、山墙门楼雕镂镶拼，或上题诗词名句，或嵌以石屏，或勾勒各种图案，既华丽典雅，又古朴多姿，显示出王城民居的超凡风范。

巍山古城　巍山原名蒙化，为南诏的发祥地，历代曾

玉龙雪山（王寿林　摄）

设州、府、厅，现为巍山彝族自治县所在地，为国家级历史文化名城。古城建于明洪武二十三年（1390），其中一座城楼至今保存完好，名为“拱辰楼”，由28根大柱支撑底层，上层周围檐柱立于下层的梁柱上，四角翘檐，楼下有城门洞。此外，保存完好的还有星拱楼、文笔楼、玉皇阁、文华书院等一批明清建筑。

蝴蝶泉　蝴蝶泉因电影《五朵金花》而被国人知晓。该泉位于苍山云弄峰下的神摩山麓，泉水清澈，清香弥漫，泉西北角的池边有棵夜合欢古树，枝叶婆娑，覆盖于蝴蝶泉上空。每到春季，鲜花缀满枝头，“须翅栩然，与生蝶无异”，故名蝴蝶树。由于花开时满树芬芳，引来蝴蝶千万，或于泉畔起舞嬉戏，或于树下连须钩足，缀成长长的蝶链，五彩缤纷，为世所罕见，引得人们各聚泉边，激泉赏蝶，久而久之，就形成了一年一度的蝴蝶会。蝴蝶会是一个人蝶共舞的盛会，于每年农历四月十五日举行，届时各地青年身着盛装，来泉边赏花观蝶，唱歌跳舞。蝴蝶泉周围还有众多名胜古迹，如望海亭、月牙池、徐霞客石雕像等，引得前来游览的人络绎不绝。

附录：
康巴藏地行走记

淘金人扎西

在道孚，我逗留了半天时间。这天中午正在一个村寨前的小河边拍摄自然风光的照片，忽然看见不远处有一个藏族汉子和一个孩子正在河里淘金。听说清朝很多陕西人来此经商、淘金，后来就流落此地被藏化了。带着这种好奇，我就走过去与淘金人攀谈。

淘金人40多岁，面庞清瘦，头发蓬乱，正在河里用铁锹挖沙，我递给他一支烟，又递给他火，他客气地接受了。我告诉他，我是来旅游的，没见过淘金，随便看看，没别的意思，他这才放松表情。他告诉我他叫扎西，是本村的人，没手艺，也不会做生意，收入就靠几头牦牛和几亩坡地，日子过得穷，实在没钱了就到村寨前这小河里淘一天金。

扎西他们那里淘金用的是上一辈人传下来的方法：在河滩挖个深坑，将坑底的砂石用筐提上来倒在斜架着的木制溜槽的上端，然后用水桶提水冲砂石，这样砂石就会随水流出溜槽，金子和重砂就沉进了溜槽底那些横向的小槽中。那条小河砂石里沉积的金子极多，扎西和他14岁的儿子干一天，就能淘到七八克，能卖一两千元，勉强应付他们全家一年的费用。

扎西淘金的方法简单而落后，我向他提出过这样的建议：买台小发电机，将溜槽改为电动，再买台小水泵抽水冲砂。当然，有条件再租台小挖掘机，效益不就可以提高几十倍嘛，一年不就能挣几十万元嘛！

扎西听后，停下手中的活，望着我憨憨地笑了笑，又摇了摇头。他告诉我，在这条河里，每家人每年只能淘一两天金，紧要关头挣点钱就行了，这是祖辈形成的习惯。在以前，头人也不许多淘；现在没头人管了，村里管，仍然不许乱淘。不论哪家，就连那些会摆弄机械的人，淘金也只能用这种老方法，谁也没想过要用机械一天淘很多的金子。再说了，把河流挖成大坑小坑的，山神也不答应。

我对扎西说，在我们那里，假如说哪条河里会有如此富积的金子，昼夜都会是机器轰鸣，几天就会把河道翻个底朝天。扎西怔怔地看着我，像在听他根本无法理解的事，黝黑而骨骼分明的脸上充满疑惑。过了好一阵，他才嘟哝了一句："要那么多金子做啥？"

因无限的贪婪导致过度向自然索取，这已成为一个世界性话题，但扎西他们却始终与金子、与河流却保持着和谐的关系，这给我留下

康南草地

了很深的印象，使我常想起希尔顿在《香格里拉》中描写的蓝月谷的人——他们对黄金不屑一顾……

珠瓦大妈

我因寄停车辆认识了珠瓦大妈。她头发灰白，脸色黝黑，额上布满深深的皱纹。那一年她75岁了，但还很精神。

珠瓦大妈的儿孙们整天不在家，有的上学，有的放牧，有的做生意，她独自守在家里，做完家务，就在火塘边长久地坐着。火塘里架个铸铁三脚架，上面放个铝壶，壶里的水咕嘟咕嘟地长久煮着。

我给珠瓦大妈送了些砖茶、苹果和方便面，她很高兴，也给我们煮血肠吃，给我们打酥油茶喝。之后，她就在火塘边坐下给我们冲泡茶水。她说冲泡茶叶是汉地的喝法，现在藏族人也习惯。我说下次来多给她带些绿茶，那是专门冲泡的茶叶。珠瓦大妈开心地笑了一阵，随后很认真地说："你要真还来，茶叶不要带，帮我买点粗盐最好。就是那种指头蛋大的粗盐，我们这里买不到的。"

她说的粗盐就是20世纪50年代内地常见到的那种颗粒盐，是四方结晶体，大大小小混杂在一起，食用前要先在锅里炒，以去掉可能混入的牲畜毛，然后用磨磨细。我对大妈说："这种盐市场上没有人卖，政府对盐管得很严，食盐都是盐务部门经营的加碘细盐，有利于人的健康，你怎么会喜欢粗盐呢？"大妈说："你不知道，我17岁那年就经常跟驮队到青海去驮盐，那种粗盐好吃。"于是，大妈就给我们讲起了她驮盐的事——

扎溪卡草原的牧民最稀罕两样东西：茶叶和盐巴。茶叶产自汉地，是马帮贩运到扎溪卡的，5公斤羊毛换1公斤茶，1公斤虫草换3公斤茶，一头牦牛换5公斤茶，虽然贵，但不缺。盐巴要在青海盐场才有，路远，又重，没有人贩运，牧民们都是自己去驮，一千多里地，来回要一个半月。去时倒还轻松，走走路、骑骑马，回来时骡马累，人也累，有时还会遇到土匪，抢盐抢马抢银元，驮队也跟土匪动刀子，免不了有人员伤亡。珠瓦大妈的阿爸就是在驮盐途中跟土匪动刀子被杀死的。大妈的哥哥腿有毛病，大妈17岁就开始经常跟驮队去青海驮盐。有一次，驮盐的驮队走在百里无人的荒原上，远远地看到十几个人打马而来，大声喊叫着堵在驮队前面。驮队人多，年轻力壮的上前，女人和老人躲在后面，双方手持利刃对峙一阵，没有血战，驮队给了土匪三袋盐后，土匪就走了。

珠瓦大妈很怀念驮盐的那段岁月，说起那些往事就有些兴奋，还用双手给我们比画。告别大妈的时候我很认真地说，如真能见到粗盐我定要给她带些来，大妈连连称好，一直目送我们的那辆破车开出很远。

森林·牧场

岑康玉女士

康北地区的德格是一个专家学者、作家、记者慕名向往的地方，我一个自由撰稿人想去采访，县上会接待吗？抱着试试看的想法，我拨通了德格县委宣传部的电话，巧得很，接电话的正是宣传部部长岑康玉女士。她听了我的诉求后，并没有过多地询问，就爽快地答应了，并和我约定，让我先到康定，她派车到康定接我。

几天后我到了康定，在旅店住了一夜，第二天中午，一辆德格县委的车就来了，司机叫扎西达娃，30多岁。他说德格到康定有630千米，路不是很好，他是昨天早上就出发的。我和达娃沿317国道一路北上，晚上在炉霍住了一夜，第二天下午就到了德格。

德格县城只有一家大一点的宾馆。我和达娃走进宾馆大厅，岑部长早已在那等候了。我们初次见面，虽然没说多少话，但我却感受到了她的随和和友善。我说了我的一些采访想法，她便简单地给我介绍了德格的县情。末了我准备去吧台登记房间，她说不用了，她已给县接待办说好，我只管去领房间的钥匙。岑部长说，明天她有一天的会，忙得很，只能让宣传部送本县县志和一些资料让我先看，后天她有空就陪我去阿须草原。她告诉我：阿须草原是学界认可的格萨尔王的出生地，那里有格萨尔塑像和纪念堂，国内外来的学者、记者都要去那个地方。

第三天一早，岑部长和达娃司机就来叫我了。我们三人一行翻过雀儿山，从马尼干戈镇向北行几十千米，又向东行几十里就到了雅砻江边，又从那里北上。一路上风光极美，雪山草地不时从车窗外闪过，令人目不暇接。沿途没见到有往来车辆，公路似乎是我们的专用道。达娃把车开得飞快，但是每过小河小溪，他又慢得出奇，岑部长告诉我，河里鱼太多，开快了车轮会碾死很多鱼。

太阳当空时我们到了阿须草原。这是个四山环围、其间有河流蜿蜒流过的草原，风景秀丽。草原中央耸立着一尊格萨尔跨马横刀的铜像，高约10米，去年刚竣工。不远处有栋绛红色的碉式建筑，就是格萨尔纪念堂，其内塑像林立，有100多尊，有格萨尔和他的8位爱妃，有岭国将领20多人，有释迦牟尼时期因传授佛教思想而闻名的80位大成就者等。岑部长一一向我介绍了这些塑像，还告诉我，清朝以前，这里曾经有纪念塔，清道光年间，格萨尔后裔、林葱土司翁青友加执政时，这里曾建有格萨尔家庙，并保存有格萨尔及其将领们的遗物，如兵器、战服等，另外还有格萨尔使用过的生活用品和图章，可惜这些文物后来都散失了。岑部长还说，阿须这一带的兄巴部落对格萨尔极为崇敬，在多种节庆活动中都有纪念格萨尔的内容，其场面盛大热烈。

阿须草原北侧山脚下有一座高耸的白塔，极其雄伟，塔的一侧就是岔岔寺，寺里的巴伽活佛是位名扬藏区的高僧。岑部长准备带我去见活佛，可管理纪念堂的喇嘛说活佛外出了，还没回来。这样我就无缘与活佛一见了。

在德格的第五天，我对岑部长说准备离开德格，想要去一趟石渠县和白玉县。岑部长告诉我说这样去不安全，让她先同白玉县和石渠县的宣传部联系一下。她当天就同这两县的宣传部取得了联系，两位宣传部联系人同岑部长是朋友，表示会周到接待我。但因为交通不便，白玉之行终没成行，多年后想起仍感到十分遗憾。

参考书目

◇《德格县志》，四川省德格县志编纂委员会编，四川人民出版社，1995年5月版。

◇《丹巴县志》，四川省丹巴县志编纂委员会编，民族出版社，1996年6月版。

◇《墨尔多神山》，李茂、杨先郎布、舒福秋编，1997年内部印刷。

◇《走进康巴》，陈焕仁著，巴蜀书社，2004年8月版。

◇《西藏佛像集粹》，贾林编著，四川美术出版社，2005年10月版。

◇《唤醒沉睡的善地》，泽尔多吉著，德格县格萨尔学会印行，2003年。

◇《迪庆：香格里拉》，合和主编，云南大学出版社，2001年10月版。

◇《新编怒江风物志》，赵伯乐主编，云南人民出版社，2000年6月版。

◇《神与人的和弦：走进心中的香格里拉》，王达人、扎西尼玛著，云南民族出版社，2000年2月版。

◇《藏族：佛光里的诗化人生》，杨学政、格茸拉姆著，云南教育出版社，1995年5月版。

◇《怒族》，段伶著，民族出版社，1991年1月版。

◇《丽江》，中国图志系列丛书编委会编，群言出版社，1999年4月版。

◇《一个民族的脊梁》，郑海、殷海涛著， 云南教育出版社，1995年5月版。

◇《怒江傈僳族》，司忠诚主编，民族出版社，2004年1月版。

◇《彝族：多元文化中的情韵》，杨士杰著，云南教育出版社，1995年5月版。

◇《香巴拉神殿：德格》，热贡·多吉彭措摄影，四川民族出版社，2004年5月版。

◇《丽江史话》，杨世光著，云南人民出版社，2001年5月版。

◇《恢宏千年茶马古道》，亮炯·朗萨著，中国旅游出版社，2004年8月版。

◇《康藏佛光》，杨健吾著，巴蜀书社，2004年8月版。

◇《消失的地平线》，[英] 詹姆斯·希尔顿著，罗尘编译，陕西师范大学出版社，1999年10月版。

◇《独龙族：自然怀抱中的文面女》，罗荣芬著，云南教育出版社，1995年5月版。

◇《佛教知识小百科》，禾三千、吴乔编著，黑龙江美术出版社，2006年12月版。

◇《玉龙山》，2003~2005年。